W0058419

Charlotte Hofmann-Hege

Unter dem Bogen des Himmels

Geschichten aus meinem Leben

Salzer Verlag GmbH Bietigheim

© Salzer Verlag GmbH, Bietigheim 2000
Alle Rechte vorbehalten
Umschlaggestaltung: Bruno Haag, Stuttgart
Druck: Chr. Scheufele, Stuttgart
ISBN 3-89808-008-0

Im Tal der Lilien
Ein Tag in Südafrika

Wie wundervoll ist der Frühling in Südafrika! Während bei uns in Deutschland der kalte Wind die herbstlichen Blätter durch nebelnasse Straßen treibt, beginnen dort, unter dem blauesten aller Himmel, unzählige farbenprächtige Knospen aufzuspringen. Die Blütenranken der leuchtend roten Bougainvilleen fallen wie Kaskaden über die Mauern und Zäune der gepflegten, weiträumigen Stadt Maritzburg im Zululand. Pfirsichfarbene Azaleensträucher säumen die Straßen, und die hohen Jacarandabäume in den Alleen hüllen die Kronen in strahlendes Lavendelblau. Selbst die ältesten haushohen Riesenkakteen bei den Vorgärten der Villen bringen gelbe Blüten aus ihrem struppigen Kopf hervor und sehen aus wie verschmitzte Greise mit winzigen Fasnachtshütchen.

Der südafrikanische Bungalow meiner Tochter Renate, bei deren Familie ich ein paar Wochen zu Gast bin, wirkt in diesen Frühlingswochen wie ein verwunschenes Dornröschenschloss. Vielfarbige Blüten klettern übermütig bis zum Dach empor und spiegeln sich wie eitle Dämchen im Swimmingpool.

Ich stehe in der Morgendämmerung auf der Terrasse vor meinem Zimmer und erwarte den Sonnenaufgang. Rasch wächst das Licht, viel rascher als bei uns im Norden der Erdkugel. Die ersten Sonnenstrahlen wecken Vögel, Blumen und Düfte. Ein neuer Erdentag hebt an. Der graue Himmel wird blau, die wenigen weißen Wolken versprechen einen schönen, nicht zu heißen Tag.

Renate und ich wollen heute einen Ausflug ins »Tal der Lilien« machen. Wir haben ein Geschenk für Menschen, die dort wohnen. Von deutschen Spendengeldern hat Renate bei arbeitslosen schwarzen Frauen ein Dutzend wunderschöne Wolldecken häkeln lassen, die man dort in kühlen Nächten nötig braucht.

Sobald Renates Kinder in Schule und Kindergarten abgeliefert sind, machen wir uns auf den Weg. Als vor einigen Jahren in Südafrika noch die Apartheid herrschte, war es nicht erlaubt, ausflugshalber in das von den Weißen abgesonderte Gebiet der schwarzen Eingeborenen zu fahren. Auch heute ist es durchaus noch nicht ungefährlich, so abseits der großen Straßen. Die zahlenmäßige Übermacht der schwarzen Bevölkerung ist etwa Sieben zu Eins. Aber Renate lebt inzwischen schon zwanzig Jahre in Südafrika, ist ortskundig und hat die Schwarzen lieben und verstehen gelernt.

Zunächst fahren wir über Durban auf der Uferstraße am Indischen Ozean entlang, weil der Tag so herrlich ist. Schon vor Jahrtausenden schlugen die Wellen ans Land wie heute. Die weißen Schaumkronen verlaufen sich im rötlichen Sand, auf dem die Sonnenstrahlen glitzern: ein gewaltiges Bild, das von der Größe der Schöpfung redet. Dann biegen wir ab und lassen die gepflegten weißen Vorstädte mit der ausgebauten Straße hinter uns. Bald wird das Gelände unwegsam, denn es gibt in diesem Gebiet noch keine befestigten Straßen. Aus der Ferne grüßen die blauen, abenteuerlich geformten und sagenumwobenen Drakensberge; auf den höchsten Spitzen schmücken sie sich noch mit einem Schneekrönchen. Wie gut, dass sich Renate auskennt, denn für diese Landstriche gibt es keine brauchbaren Landkarten. Kaum irgendwo fließen schon elektrischer Strom und Wasser. Die jetzige Regierung unter ihrem tüchtigen Präsidenten Mbeki bemüht sich zwar energisch, das Land besser zu erschließen, aber die riesigen Entfernungen erfordern viel Zeit und verschlingen Millionen, die Südafrika heute nicht mehr hat.

Wir fahren auf holprigen Pfaden mit viel Geröll bergauf und bergab. Der rote, sandige Boden ist mit verwildertem Gras bedeckt und wenig fruchtbar. Überaus schön blühen die verschiedenen Disteln. Unser Landrover ist Kummer gewöhnt und hat uns noch nie im Stich gelassen; mit einem normalen Auto könnte man solche Wege nicht bewältigen.

Still und stiller wird es jetzt in dem sich unendlich dehnenden Land der tausend Hügel. Ab und zu erblicken wir in der Ferne ein paar spärliche Rundhütten. Wenn wir anhalten, um den Weg zu erforschen, können wir nirgends fragen. Falls unser Fahrzeug einen »Platten« bekommen sollte, sind wir ganz allein auf uns selbst gestellt. Während einer kurzen Getränkepause hören wir auf das nimmermüde Zirpen der Grillen im niederen Gras. Ab und zu brummt ein Flugzeug durch die einsame Bläue.

»Meinst du, dass wir das ›Tal der Lilien‹ überhaupt finden, Renate?«

Sie putzt sich die staubig gewordene Sonnenbrille.

»Ich weiß, der Weg ist nicht einfach. Aber ich bin ihn schon einmal gefahren, nun vertraue ich eben, dass ich ihn wiederfinde. Vertrauen – das muss man hier lernen.«

»Aber irgendwo muss doch ein Wegzeiger sein?« Sie zieht ihre Augenbrauen hoch und lächelt.

»Gewiss nicht.« Ich verstehe, warum sie das sagt. Über dem ›Tal der Lilien‹ schwebt ein Geheimnis, das sie mir bereits angedeutet hat.

Endlich, nach einer mich wie eine Ewigkeit dünkenden Zeitspanne entdecken wir neben einem vergrasten Pfad einen schiefen Stecken mit der Aufschrift: »Valley of Lilies!« – »Tal der Lilien«.

Unvermutet öffnet sich ein tief eingeschnittenes, satt begrüntes Flusstal vor uns. Wir schließen unseren Wagen an einem gut einsehbaren Platz ab, denn selbst an abgelegenen Orten muss man mit gewandten Dieben rechnen. Dann betreten wir den schmalen Wiesenweg, der zu einem überraschend hübschen, in burischem Stil großzügig angelegten Haus führt. Lilien entdecke ich zwar nirgends, dafür aber am Eingang einen mannshohen herrlich duftenden Blütenbusch. Länger als nötig bleibe ich davor stehen. Zögernd folge ich schließlich meiner Tochter, die sich schon auskennt. Habe ich heimlich ein wenig Angst vor dem Geheimnis im »Tal der Lilien«?

»Baby Care Center«, »Zentrum für Babybetreuung« steht über der weiß gestrichenen Eingangstür, die unverschlossen ist. Braucht man hier keine Angst vor Eindringlingen zu haben?

Wir treten ein, das Empfangszimmer in altenglischem Stil nimmt uns auf. Dahinter gelangen wir in einen sauberen, schmalen Flur, von dem aus zu beiden Seiten geöffnete Türen in helle Kinderzimmer mit weißen Gitterbetten führen. Auch eine Küche ist da, sie hat Wasser und Strom, hierzulande eine Kostbarkeit. Der nahe Fluss macht die Eigenversorgung möglich.

Mit zaghaften, schleppenden Schritten kommt uns eine zarte junge Frau entgegen, sie begrüßt uns freundlich mit schwacher Stimme und lächelt beglückt über unsere mitgebrachten Wolldecken. Die Zartheit der Frau fällt mir auf, denn die schwarzen Mamis sind in der Regel stattlich, meist sogar dick. Ihre zerbrechliche Gestalt offenbart mir schmerzlich das Geheimnis dieses Hauses: die Frau hat Aids. Auch die entzückenden Kleinkinder, die in der Ecke des Spielzimmers umherkrabbeln und mit großen, dunklen Augen fragend zu uns weißhäutigen Bleichgesichtern aufblicken. Sie wurden schon im Mutterleib angesteckt. Über ihnen allen schwebt der Schatten einer sehr begrenzten Lebenszeit. Mit Aids geborene Kinder werden in der Regel höchstens sechs bis acht Jahre alt.

Aidskranke Männer wie Frauen werden wie Aussätzige behandelt. Vor mir tauchen im Geist die verschiedenen Aidskranken auf, die tage- und nächtelang einsam in ihren isolierten Rundhütten liegen, nur kümmerlich mit Nahrung versorgt. Nicht überall, gewiss, aber was ich erlebe, reicht mir. In den nächsten Jahren wird hier ein Massensterben einsetzen. Die Gesunden haben eine panische Angst vor der ihnen rätselhaften Krankheit, und so kann man in diesem schönen Haus hier nur Aidskranke als Pflegepersonal bekommen.

Ein begütertes und verantwortungsbewusstes holländisches Ehepaar hat im abgelegenen »Tal der Lilien« dieses Heim für aidskranke Kinder gebaut und gestiftet. Die Kleinen, meist Vollwaisen, sollen hier wenigstens noch so viele glückliche Kinderjahre erleben dürfen, als nur irgend möglich ist. Daheim würden sie keine ausreichende Pflege bekommen. Die Kinder spüren nicht, dass dieses Haus eine Art Ghetto ist, von Gesunden gemieden. Und vermutlich sind sie auch noch zu klein um zu erfassen, warum der eine oder andere ihrer Spielkameraden plötzlich nicht mehr da ist. Oder ahnen sie doch etwas? Auf dem Boden kauert ein niedliches, etwa dreijähriges Mädchen, das mit traurigen, suchenden Augen verstört zu mir aufblickt.

Eine magere, liebenswürdige Pflegerin, die ein wenig englisch kann, führt uns durch die Räume. Das Mobiliar ist einfach, aber sauber. Einige der Kinder haben nicht mehr die Kraft um aufzustehen, sie liegen apathisch auf ihren Matratzen, mit Höschen, aus Plastiktüten zurechtgeschneidert, vor dem Einnässen der Wäsche geschützt. Schließlich verweilt die Schwester vor einem Bettchen, in welchem ein etwa fünfjähriges, liebliches Bübchen schläft. Wie alle Kleinen hier, ist es heute nur mit einem Höschen bekleidet, die Wärme erlaubt es. Seine Beinchen sind mit Geschwüren bedeckt.

»He will go today!«, sagt die Pflegerin. »Er wird noch heute sterben.« Dann seufzt sie. »In diesem Monat sind schon vier Kinder gestorben. Man spürt es, wenn es so weit ist.« Sie nimmt das Bettchen, um es in einen leeren Raum zu schieben. Wir helfen ihr dabei.

»Wie heißt das Kind?«, frage ich.

»Teboho!« Ein hier gebräuchlicher Name. Er bedeutet: Dankbarkeit. Renate und ich blicken einander ernst an. Auch ihr Jüngster, mein geliebter kleiner Enkel, heißt Teboho, zum Zeichen dafür, dass er in Afrika geboren ist. Er ist ein fröhlicher fünfjähriger Blondschopf, in einer liebreichen Familie geborgen, muss weder hungern noch frieren und darf einmal alles lernen, was er möchte.

»Hat Teboho keine Eltern mehr?« Die kleine Pflegerin schüttelt den Kopf.

»Die Mutter war noch ganz jung und sehr schwach, als sie uns vor einem Jahr das Kind auf die Schwelle legte. Ich dachte, sie schafft den Rückweg zu ihrem Kral nicht mehr. Ach, sie war so hübsch, ein feines Geschöpf.«

Nach dem Vater lässt sich kaum fragen. Vermutlich ist die blutjunge Mutter eines jener bitterarmen Mädchen gewesen, das in seiner Verzweiflung keinen anderen Ausweg wusste, als seinen Körper zu verkaufen. Längst habe ich inzwischen die Brutalität der Armut verstehen gelernt. Da Renates Einsatz als Pfarrerin der Herrnhuter Mission zurzeit den »Ärmsten der Armen« gehört, habe ich in den wenigen Wochen meines Aufenthaltes schon so viel Not und Elend gesehen, dass ich es an manchen Tagen kaum mehr ertrage. Noch haben wir 70 % Arbeitslose unter den schwarzen Männern, meist mit großen Familien. Nennenswerte Unterstützung kann ihnen der heutige Staat nicht geben. Da wird oft genug auch noch der Alkohol zum Problem.

»Eine Großmutter ist noch da«, fährt die Schwester fort. »Sie hängt sehr an dem Kind, aber inzwischen hat sie offene Füße und schafft den weiten Weg hierher nicht mehr. Es gibt ja noch kein Auto in ihrem Dorf.«

Ich frage mich, wie viel nach Leib und Seele in diesen Menschen verkümmern muss, weil zwischen sie und ihr Leben die Armut tritt.

Und nun verläuft der Nachmittag anders, als wir geplant hatten. Eigentlich wollten wir nach dem Besuch im »Tal der Lilien« noch eine Besorgung in der nächsten Kleinstadt machen und danach ein wenig an den Strand. Aber unumstößlich weiß ich jetzt, dass ich bei dem sterbenden Kind bleiben muss. Renate versteht mich sofort und erklärt, sie könne ihren Einkauf gut allein erledigen.

»Vor Einbruch der Dunkelheit bin ich wieder hier«, erwidert sie, nickt mir zu – und geht.

Die Pflegerin ist sehr dankbar für mein Bleiben. Sie ist noch nicht abgestumpft, vermutlich hat sie ein wenig Angst vor der seelischen Anstrengung, die das wiederholte Hergeben eines ihr lieb gewordenen Kindes bedeutet. Und sie hat nicht sehr viel Kraft. Vielleicht nimmt sie dabei auch ein Stück ihres eigenen Schicksals vorweg. Leise zieht sie die Tür hinter sich zu.

Und nun bin ich allein mit dem schlafenden – oder vielleicht schon bewusstlosen – Kind. In dem kahlen Zimmer hängt als einziger Schmuck an der Fensterwand ein bemalter Gipsabdruck von Albrecht Dürers betenden Händen. In wie vielen Elendshütten habe ich inzwischen diese betenden Hände an der Wand entdeckt – aus Holz, aus Kupferblech, aus Gips oder als Druck. Es rührt mich, wie weltumspannend und zeitlos die schlichte Radierung des mittelalterlichen Nürnbergers zu den heutigen Menschen redet, auch wenn das Bild oft genug verkitscht wurde. Der vertraute Anblick in der mir fremden afrikanischen Welt schenkt mir ein wenig Heimatgefühl.

Schließlich bringt mir die Pflegerin einen Plastikstuhl, damit ich mich neben das Bettchen setzen kann. Stühle sind nicht üblich bei den Schwarzen; da sie noch erdverbundener sind als wir, sitzen sie meist auf dem Boden. Die Art, wie die junge Frau den Stuhl und eine Wolldecke hereinträgt, beeindruckt mich. Diese Gegenstände sind keine tote Materie für sie, sondern eher beseelte Wesen, so wie man das als Kind vielleicht empfunden hat. »Ich möchte gut sein zu den Dingen«, sagen ihre Bewegungen, »dann sind sie auch gut zu mir.« Aber ach, für so etwas haben wir Europäer keine Zeit mehr, denn wir haben viel zu viele Dinge!

Ich sitze neben dem Bettchen. Der Atem des Kindes geht zwar sehr langsam und flach, aber ruhig. Es scheint sich nirgends zu quälen. Ich nehme leise das schlaffe Händchen zwischen meine groß wirkenden Finger und habe fast den Eindruck, dass das Kind mich wohltuend fühlt. Aufdringliche Fliegen krabbeln auf den dicken Beingeschwüren umher, ich scheuche sie heftig blasend mit starkem Atem hinweg, mit meiner Hand wage ich mich nicht so nahe an die Wunden heran. Ab und zu läuft ein seltsames Zucken durch das schmale Körperchen, es erschreckt mich. Und auf einmal fühle ich freudig betroffen, dass eine unendliche Liebe zu dem hilflosen Geschöpf in mir erwacht ist. Ach, mein Kleines: nie mehr wirst du auf Erden den Sonnenuntergang erleben, den Vogelgesang und die Musik. Nie wird sich dir die Welt des Wissens und der Künste offenbaren, nie wirst du in jugendlichem Ungestüm einen blühenden Apfelbaum umarmen. Was wohl aus dir geworden wäre, hättest du ein jahrzehntelanges Leben haben dürfen? Hättest du dich aus der Umklammerung von Armut und Hunger befreien können oder hätte der harte Kampf ums Dasein die Schwungkraft deiner Seele erstickt? Armut ist bitter. Der Gedanke, dass du nicht allein damit bist, sondern unzählige andere Kinder auf der Welt im gleichen Elend, etwa in Südamerika, in Asien, in den russischen Ländern oder auf dem Balkan – dieser Gedanke tröstet mich nicht. Warum muss Unschuld derart leiden auf unserer Welt . . .?

Unhörbar öffnet die Schwester die Tür. Eine große, ernste Ehrfurcht ist ihr anzuspüren: Ehrfurcht vor dem Leben, Ehrfurcht vor dem Tod.

»Would you like a cup of tea?«, flüstert sie liebevoll. »Darf ich Ihnen eine Tasse Tee anbieten?« Ich schäme mich, dass ich einen Augenblick lang zögere.

Dann nicke ich: »Yes, thank you!«

Die Tasse Tee schmeckt köstlich und ist genau das, was ich jetzt gerade brauche.

Dann bin ich wieder allein. In Gedanken besuche ich die Großmutter des Kleinen. Was sie jetzt wohl macht? Vielleicht flickt sie das Dach ihrer Hütte, vielleicht trägt sie auf dem Kopf das weit hergeholte Quellwasser nach Hause, vielleicht kocht sie auf offenem Feuer Gemüse und Lammfleisch. Gewiss denkt sie mit Wehmut hierher. Aber niemand kann ihr Botschaft bringen, es gibt dort bis jetzt weder Post noch Telefon.

Der Atem des Kleinen geht schwach, aber immer noch gleichmäßig . . . und so wage ich einen Blick durchs Fenster, hinüber auf die andere Seite des Tales. Der steile Hang ist dicht bewachsen. Dort befindet sich, wie mir berichtet wurde, ein großes Wildreservat. Ab und zu sehe ich Bewegungen hinter dem Gebüsch, es sieht aus, als huschten Zebras vorüber. Aber ich kann mich täuschen. In Abständen ertönt notvolles Tierkreischen durch die geschlossenen Fenster. Sind es wieder einmal die Stärkeren: Tiger, Löwen, Adler, die ein schwächeres Geschöpf in ihre Klauen bekommen haben, um ihren Hunger damit zu stillen? Die Großen sind immer die Sieger. Ach, warum birgt die herrliche Schöpfung so furchtbare Rätsel, dass eines vom Opfer des anderen leben muss? Und mit welcher Grausamkeit geschieht dies alles, immer wieder neu, bei Mensch und Tier! Der Schöpfer all dessen – trägt er ein doppeltes Antlitz? Erhalter und Zerstörer zugleich? Das sanfte Kind neben mir – ist es auch solch ein Opfer? Wie schwer sind für mich, du verborgener Gott, deine Gedanken! Ich bin bis ins Innerste angefochten an diesem Kinderbett.

Aber wie ein warmer lichter Strahl erfasst mich auf einmal ganz neu die Erkenntnis, die ich eigentlich verstandesmäßig von der Schule her weiß: Da war der Eine, der die Gesetze dieser Welt umkehrte und alles Schwache, Kranke, Hilflose, Geringe an sein Herz nahm, der die Leidtragenden und die Sanftmütigen selig pries und den Kindern das Himmelreich verhieß. Von den Mächtigen wurde er gemartert und geschlagen, aber ganz frisch erfüllt es mich wieder mit einer Art Glück: in diesem Einen hat sich Gottes Wesen zu erkennen gegeben. Die Opfer stehen unter seinem besonderen Schutz, und der Tod ist nicht das Letzte. Welch merkwürdige Kraft der Erkenntnis tut sich auf im geduldig leidenden Schweigen dieses Kindes!

So will ich denn glauben, mein Bübchen, dass du jetzt unter dem besonderen Schutz Gottes stehst bei deinem Übergang von einer Welt in die andere. Ob du wohl noch bei Bewusstsein bist? Soll ich versuchen, ganz leise ein Lied für dich zu summen? Das Ohr ist unser am längsten aufnahmefähiges Organ, und vielleicht freust du dich – wie alle Schwarzen – an Gesang und Musik. Wir haben herrliche Lieder in Europa, ich will das Schönste für dich aussuchen.

Was aber ist das schönste Lied? Ein harmloses Schlaf- und Wiegenlied? Oh nein, deutlich spüre ich die Gegenwart seiner Majestät, des Todes, mithörend. Warum kommen mir jetzt vor allem die Gesangbuchverse aus dem 30-jährigen Krieg in den Sinn? Lieder aus schwerster Zeit – und doch voll Lob und Dank! Noch nie ist mir der Zusammenhang von großer Not und großem Trost so klar geworden wie in dieser Stunde. So summe ich auch für mich selbst einige dieser tröstlichen Lieder vor mich hin, samt dem Bonhoefferlied: »Von guten Mächten wunderbar geborgen . . .« Das Kind liegt entspannt und ruhig, es gibt mir Frieden.

Jetzt aber geschieht etwas, das ich nie vergessen werde, so lange ich lebe. Das Bübchen schlägt die großen, dunklen Augen auf, sein Blick lebt – und erreicht mich. Vermutlich bin ich der erste weißhäutige Mensch, den es sieht. Wird es erschrecken und weinen? Aber nein! Es beginnt zu lächeln, kleine weiße Zähnchen schimmern hinter den Lippen hervor. Schwarze Kinder sind sparsam mit Lächeln, manchmal hat man das Empfinden, als lebten sie in einer großen Urangst. Nun aber – dieses Lächeln, es wirkt so überirdisch selig und zugleich so sterbensweh, dass es mir ans Herz greift. Hält es mich für einen Engel, weil ich hell und blond bin?

»Ma-ma«, flüstert es leise. Dieser Urlaut aller Sehnsucht nach Geborgenheit! Ja, mein Kleines, nimm mich jetzt als deine Mutter an! – Und schon erstirbt das Lächeln wieder, ein kaum hörbares Seufzen durchzieht den Raum. Erschöpft fallen die Augen zu.

Woher kam dieses wundervolle, selig-wehe Lächeln? Es ist mir, als sei die göttliche Liebe an der Grenze von Leben und Tod einen Augenblick aus ihrer Verborgenheit herausgetreten und hätte mit unvergleichlichem Glanz den kleinen geplagten Körper erfüllt. Ach, unser bisschen Verstand, unser bisschen Leistung! Unser bisschen Technik! Als europäisches Kind würde nun solch ein Kleiner vielleicht an seelenlosen Schläuchen auf einer Intensivstation liegen! Aber den Tod überwindet auch die kühnste Forschung nicht. Dagegen ist dieses

Sterben hier feiertäglich. Von jetzt ab wird etwas Schönes und Stilles in meinem Herzen sein, das vorher nicht da war.

Über diesem leisen Hinübergleiten vergesse ich Zeit und Stunde. Im Haus gibt es keine Uhren mit hastig eilenden Sekunden und Minuten. Man richtet sich nach dem Leben und nach der Sonne. Ihre Strahlen fallen bereits schräger durch das Fenster.

Von draußen ertönen Kinderstimmen. In der nachlassenden Hitze dürfen die Kleinen noch ein wenig an die frische Luft und auf dem Rasen krabbeln. Wer wird das nächste Kind sein von denen, die draußen so fröhlich spielen?

Plötzlich läuft ein heftiges Zucken durch das Händchen zwischen meinen Fingern. Ich erschrecke. Es krampft sich zusammen – und löst sich wieder. Schweißperlen treten auf die Stirn, vorsichtig tupfe ich sie ab. Ich empfinde die mich immer tiefer anrührende Liebe zu dem kleinen Buben als Geschenk, ja, als eine Erfahrung von Gnade. Ist dies die Antwort auf meine zuvor so angefochtenen und notvollen Fragen? Gottes Liebe sprengt alle Vorstellung, und alle irdische Liebe bleibt nur eine Ahnung. Ohne diese Liebe kommen wir nicht zu unserer Lebenserfüllung. Und ohne sie – das spüre ich in diesem Augenblick ganz klar – können wir auch unseren Tod nicht erfüllen.

Der kleine Puls beginnt zu stocken, macht lange Pausen, wird schwach und schwächer. Das Leben lockert sich. Ein seufzendes Ausatmen – ist dies das Letzte? Nach langer, langer Pause – noch einmal. Ich spüre keinen

Puls mehr. Leben – welch ein Geheimnis! Wir meinen, es gehöre uns. Mein Leben, sagen wir. Aber nichts, gar nichts gehört uns. Lautlos öffnet sich der kleine Mund, das Köpfchen fällt zu Seite. Langsam erblasst der kleine Körper unter der dunklen Haut. Draußen jauchzen die Kinder. Die Grillen zirpen weiter . . .

Was ist jetzt zu tun? Soll ich die Schwester rufen? Lieber nicht. Wir möchten noch ein wenig ganz innig beieinander bleiben, wir zwei. So kurz war unsere Begegnung – und doch so wesentlich, dass jetzt der Abschied schmerzt. Sachte lege ich das Köpfchen zurecht, stütze mit meinem Taschentuch das liebliche Gesicht und lege die süßen kleinen Hände zusammen. Welch ein erquickender Friede umgibt dieses Lager!

Die Pflegerin huscht herein. »Oh, he has gone!«, flüstert sie. Unhörbar tritt sie vor das Bett und faltet die Hände. Die Schwarzen trennen »Diesseits« und »Jenseits« nicht so hart wie wir Europäer, die Vorangegangenen bleiben noch ein Jahr lang im Geist mit den Lebenden nahe verbunden. Man spürt der jungen Frau diesen Glauben ab, ihre Trauer ist verhalten und voller Würde.

Der glühend rote Sonnenball hinter dem Fenster deutet auf die nahe Dämmerung hin. Ich weiß, wie scharf hier der Trennstrich von Tag und Nacht ist, und mir ist bange vor dem schwierigen Heimweg in der Dunkelheit. Aber da höre ich auch schon Renate im Flur.

Ich wasche mir noch die Hände, aber dann müssen wir rasch Abschied nehmen, es geht nicht anders, die Finsternis darf uns nicht überfallen.

Ehe wir ins Auto steigen, blicke ich noch einmal zurück. Ich werde das »Tal der Lilien« nie mehr sehen. »Chaque partir est un peu mourir«, sagt der Franzose, »jeder Abschied ist ein Stückchen Sterben«, wir nehmen immer Abschied.

Renate fragt mich nicht aus. Sie hat schon zu viel Leid und Not gesehen in diesem Land, als dass sie nicht wüsste, wie mir zu Mute ist. Sodann hat sie sich auf den Weg zu konzentrieren.

Die Rückfahrt gelingt besser als erwartet. Bald sind wir an der Uferstraße.

»Weißt du«, sagt Renate, »das Meer ist mir immer ein Symbol für Gott. Ist Er nicht wie eine große Flut, die alles bedeckt, und dann wieder wie die Ebbe, die alles zu sich herzieht?«

Trotz der rasch einbrechenden Dunkelheit erreichen wir bald die große Straße zur Stadt. Die Lichter der von Weißen bewohnten Vorortvillen gleiten an uns vorüber. Der Verkehr schwillt an. Unbeschadet erreichen wir unser heimatliches Haus. Das trauliche Licht aus der Glasveranda fällt auf die Blütenbüsche im Garten. Und schon stürmt uns der kleine Teboho entgegen, er hat unser Auto gehört. Jauchzend springt er uns in die Arme.

»Mami, Mami«, ruft er mit leuchtenden Bäckchen, »ich kann schwimmen, sieben Züge an einem Stück!« Und der Vater im Hintergrund bestätigt lächelnd die Großtat.

»Wunderbar!«, rufen wir beide gleichzeitig. Bei einem Swimmmingpool neben der Terrasse ist das wichtig; man kann nicht alle Kinderschritte bewachen.

»Siehst du«, sagt Renate leise zu mir, »die einen lernen schwimmen, und die anderen gehen unter! Und ich weiß manchmal nicht, wie ich mein unruhiges Gewissen ertragen soll.«

»Soll es wach bleiben, dieses beunruhigte Gewissen, Renate! Auch mir ist ein gutes Gewissen immer zweifelhaft.«

Während die junge Familie ins Haus zurückkehrt, bleibe ich noch ein wenig im Garten und setze mich unter die in der Abendluft betörend duftenden Blütensträucher. Am gleichen Platz habe ich heute Morgen die Sonne erwartet. Hinter dem Bungalowdach steigt der Mond empor, er scheint mir größer und leuchtender als in Deutschland. Die Grillen zirpen unermüdlich. Der südliche Sternenhimmel beginnt zu funkeln. Hat er mehr Sterne als unser nördliches Firmament? Groß und hehr ziehen sie seit Jahrmillionen ihre ihnen gewiesene Bahn. Ich komme mir winzig klein vor. Es ist mir, als fühle ich den Erdball durchs Weltall kreisen. Ein Erdentag ist zu Ende gegangen, einer von vielen. Kinder wurden geboren, andere taten den letzten Atemzug. Es wurde geliebt, gelacht und geträumt; gemordet, zerstört und geheilt; gebetet, geflucht und gerettet; gearbeitet, gedacht und geredet; gelitten, gehungert und gedurstet; geschlagen, verbunden und getröstet. Halten denn nur die schwebenden Waagschalen von Schönheit und Schmerz unser Erdendasein im Gleichgewicht? Ach, es ist noch nicht erschienen, was wir sein werden.

Als ich mich von meinem verträumten Gartenplatz erheben will, um ins Haus zu gehen, entdecke ich einen großen, herrlichen Bougainvilleazweig auf meinem Schoß. Woher kommt er? Ist er abgefallen? Ist er ein Wink von Weißwoher? Das verwandelte Lächeln eines Kindes? Ein Engelsgruß? Wir werden sie nie lösen können, die wundersamen und schweren Geheimnisse, die über unserer Welt ausgespannt sind. Es bleiben aber Glaube, Hoffnung und Liebe, und die Liebe ist das Größte. Ein Erdentag ging zu Ende. Mein kleiner Junge im fernen »Tal der Lilien«, wo bist du jetzt . . .?

Oh, dies Gewesensein! Dies Niemalswieder!
Wir können es nicht ertragen noch verstehn.
Doch wissen wir: hier sinkt die Sonne nieder,
um drüben wieder leuchtend aufzugehn . . .

(Alo Münch)

Der Gast setzte sich zurecht. »Vielleicht regt die Geschichte, die ich Ihnen erzählen möchte, Sie zum Nachdenken an. Es ist eine echt japanische Geschichte. Wir müssen dabei allerdings zurück ins 17. Jahrhundert, denn in neuerer Zeit hat sich Japan allzu sehr am Westen orientiert, und so geriet die eigenständige Kultur etwas ins Hintertreffen. Ich möchte Ihnen die Geschichte von Harade Naisuke erzählen. Sie stammt ursprünglich von einem der berühmtesten japanischen Dichter des 17. Jahrhunderts, von Ihara Saitaku.

Harade Naisuke war ein Samurai. Ob Sie wissen, was ein Samurai ist?«

»Ungefähr«, erwiderten wir. »Waren die Samurai nicht so etwas wie Ritter, die zwei Schwerter tragen durften, um den Kaiser und die großen Länder-Fürsten zu beschützen?«

»Jawohl! Sie gehörten zur höchsten Gesellschaftsschicht. In Europa hätte man sie vielleicht mit dem Adel vergleichen können. Sie trugen eine besonders schöne Tracht und übten ihren Herren gegenüber eine bedingungslose Treuepflicht. Dabei entwickelten sie einen strengen, unzweifelhaft übertriebenen Ehrenkodex. In mancher Hinsicht prägt er aber bis heute deutlich das japanische Wesen.

Mit der Umstrukturierung der japanischen Besitzverhältnisse wurden damals viele Samurais herren-, arbeits- und verdienstlos; sie verelendeten.

Auch Harade Naisuke, der einst herrliche Tage gesehen hatte, war nahe daran, im Elend zu versinken. Am Tag vor Neujahr, von dem ich erzählen will, saß er traurig und unrasiert auf dem Boden vor seinem billig gemieteten Haus. Ich muss einfügen, dass in Japan der Neujahrstag in seinen Vorbereitungen etwa dem deutschen Weihnachtsfest entspricht.

Harade Naisuke dachte über sein ausweglos Schicksal nach. Er hörte, wie von der Straße her die Verkäufer auf dem beginnenden Neujahrsmarkt ihre Nüsse und Maronen ausriefen. Alle Ecken waren mit Kiefernzweigen und Farnkraut geschmückt. Im Nachbarhaus wurde bereits der Reis fürs Fest gestampft. Es duftete nach gutem Essen, und immer lebhafter erfüllte eine fröhliche, betriebsame Feiertagsstimmung die sauber gefegte Straße. Der noch nicht alte Samurai aber war verzweifelt. Er war hungrig und fror. Er hatte nicht einmal mehr die Kraft, seinen Ofenruß zusammenzukehren. Ihm graute vor den nächsten Stunden, wo der Ladengehilfe des Reishändlers kommen würde, um, wie üblich, am Jahresende die Schulden einzufordern. Ja, Harade Naisuke hatte Schulden, das Ehrenrührigste, was einem Samurai widerfahren konnte.

›Die Situation ist hoffnungslos!‹, seufzte Naisuke und versuchte aufzustehen. Er fühlte sich schwach und schwindlig. Und nun tauchte tatsächlich schon der kleine Ladengehilfe des Reishändlers auf und begann, zwar bescheiden, aber bestimmt, die Schulden einzufordern. Sie betrugen ein ganzes Goldstück, für Naisuke eine unvorstellbar hohe Summe.

Harade Naisuke riss sich zusammen, erhob sich stolz in seiner vollen beachtlichen Größe, funkelte mit den Augen, zog sein Schwert und rief mit drohender Gebärde:

›Wenn ich sage, dass ich morgen meine Schulden bezahlen werde – seid ihr dann wirklich nicht imstande, bis morgen zu warten?‹ Dann wandte er sich würdevoll ab.‹

Zitternd vor Schrecken schlich der kleine Ladengehilfe davon. Aber Naisuke lehnte sich erschöpft an die Wand. Was nützte es ihm, wenn seine Wohnung doch eigentlich recht hübsch in der Nähe des berühmten Fuji-Teehauses gelegen war? Er konnte es nie besuchen. Zwar hatte er drinnen in der Küche eine Frau, die sein Elend tapfer mit ihm trug. Aber niemals konnte er seine Schulden bezahlen. Und alle seine Freunde waren genauso arm wie er, bei keinem von ihnen konnte er etwas borgen. Für den morgigen Tag hatte er kein Brennholz mehr. Es war kalt im Vorort von Shinagawa. Kein Tropfen Öl war im Kännchen und in der Küche kaum eine Handvoll Reis.

Naisuke überlegte. ›Ich könnte meinen Schwager bitten, den Arzt in Kada. Er würde mir gewiss ein Goldstück leihen. Vielleicht würde er mir sogar gerne ein Neujahrsgeschenk damit machen. Diese demütigende Bitte trifft mich zwar hart, aber ich weiß keinen anderen Weg.‹

Kaum hatte er diese Möglichkeit zu Ende gedacht, als der Stadtbote ein Päckchen brachte. Es war an seine Frau adressiert. Aufgeregt hüpfte er auf dünnen Socken ins Haus und rief nach ihr. Mit bebenden Händen wickelten beide das Päckchen aus. Es war vom Schwager aus Kada. Da auch in Japan die Ärzte Latein können müssen, war sein Schreiben mit lateinischen Brocken angereichert. ›Gebrauchsanweisung für meine Schwester Joschko‹, hieß es darin. ›Gute Medizin gegen Pauperitis. Dieses Aureol hilft bei allen ärmlichen Krankheiten!‹

27

Und dem Papier entglitten zwölf blanke große Goldstücke. ›Zum Fest grüßt euch mit besten Genesungswünschen euer Bruder und Schwager, der Arzt Seian.‹

›Er hat es gespürt, er hat es gespürt!‹, flüsterte Naisuke überglücklich. ›Er ist ein guter Arzt! Und weil er mich nicht beschämen wollte, hat er das Gold an dich geschickt, Joschko!‹

Wäre Naisuke kein Japaner gewesen, dann hätte er vor Freude geweint.

›Lass uns ein schönes Fest machen, Joschko!‹, rief er. ›Wir laden unsere Freunde ein! Jetzt können wir ihnen hilfreich sein, denn sie sind ja alle miteinander genauso arme Schlucker geworden wie wir.‹

›Ja, es wäre Unrecht, alles für sich allein behalten zu wollen‹, erwiderte Joschko, und ihre Augen strahlten. ›Mit dem zwölften Goldstück bezahlen wir unsere Schulden, mit dem elften richten wir das Fest aus, dann haben wir immer noch zehn Goldstücke zum Leben. Sind wir nicht reiche Leute?‹

Es sollte ein wundervolles Fest werden. Frischer Schnee war gefallen und verzauberte Haus und Garten, so dass man die abgeschabte Fassade, die schief hängenden Fenster und den abgenutzten Gartenzaun nirgends mehr sah. Als alles vorbereitet war und das Brennholz im Ofen knackte, schritten sieben geladene Gäste feierlich durch die halbverfallene Gartenpforte. Jeder von ihnen war ein herrenloser, verarmter, würdevoller Samurai. Auf leisen Sohlen wandelten sie hoch aufgerichtet in ihren viel zu dünnen, sorgsam zusammengeflickten Kimonos den Gartenweg entlang ins Haus und froren abscheulich.

Nach den Begrüßungszeremonien, die in Japan immer einige Zeit in Anspruch nehmen, trat Naisuke vor seine Gäste, verbeugte sich nochmals und sprach:

›Freut euch mit mir! Durch die Hilfe unseres Verwandten, des Arztes Seian, ist es mir möglich, mit euch ein schönes Fest zu feiern. Denn ohne euch würde es kein Fest! Wir gehören als Freunde zusammen, in guten und schlechten Tagen. Doch damit ihr nicht meint, ihr würdet mich mit eurem Essen und Trinken schädigen – seht her!‹ Und er legte die zehn Goldstücke mitten auf den Tisch.

Es wurde ein stimmungsvoller Abend. Die neidlose, edle Mitfreude der Freunde erquickte den Gastgeber. Immer wieder wurden die Sakeschälchen gefüllt und der Reiswein nachgegossen. Einer der Gäste hielt eine Rede und pries den so unvermittelt geschenkten herrlichen Jahresübergang, der Gutes verheißen werde. Alle waren sie inzwischen aufgewärmt, satt und dankbar.

Schließlich, lange nach Mitternacht, war es Zeit zum Aufbruch. Gemeinsam fassten die Gäste das Geschirr an und begannen abzuräumen. Der fürs Aufwärmen des Reisweins benutzte Topf und der Krug mit dem Eingesalzenen ging von Hand zu Hand in Richtung Küche. Zwischendurch mahnte einer der Gäste:

›Nehmt aber doch zuerst die zehn Goldstücke weg, damit keines verloren geht!‹ Doch als man die Goldstücke einsammelte, waren es nur noch neun.

Betroffen schlugen sich alle Gäste an die Brust und nahmen ihre Plätze wieder ein. Sie schüttelten ihre Kimonoärmel, krochen auf dem Fußboden umher und schauten in alle Ecken. Nirgends war das Goldstück zu finden.

›Was mache ich nur?‹, Naisuke dachte krampfhaft nach. ›Ich überlebe es nicht, wenn in meinem Haus ein Freund durch Diebstahl auf Lebenszeit entehrt wird!‹ Schließlich rief er: ›Verzeiht mir, Freunde! Mit dem fehlenden Goldstück habe ich doch vorhin meine Schulden bezahlt! Dass mir das auch nicht gleich eingefallen ist!‹

›Aber nein! Aber nein! Das stimmt nicht!‹ Alle Gäste redeten durcheinander.

›Vor kurzem waren es noch zehn Goldstücke!‹

Dann schwiegen sie, schüttelten ihre Köpfe und schauten einander an. Endlich erhob sich der älteste Freund und sagte ernst:

›Jeder von uns hat das Bedürfnis, seine Unschuld zu beweisen.‹ Er löste seinen Gürtel. Der nächste folgte ihm. Nichts war zu finden.

Der dritte Freund machte ein bekümmertes Gesicht. Er blieb lange stumm, endlich erhob er sich und sagte entschlossen:

›Welch unglückliche Zufälle gibt es doch im Leben! Ich brauche mich nicht auszuziehen, ich habe ein Goldstück in meinem Gürtel. Ich habe heute auf dem Weg hierher eines meiner Schwerter verkauft, denn ich brauche nun keine zwei Schwerter mehr. Es war eine wertvolle Schmiedearbeit und ich bekam ein ganzes Goldstück dafür. Das ist die reine Wahrheit. Aber wer wird sie mir glauben? Die Situation spricht gegen mich. Meine Ehre verlangt, dass ich mich töte. Doch bitte ich euch, nach meinem Tode das Goldstück weiterhin zu suchen, um wenigstens auf solche Weise meine Schande nachträglich von mir abzuwaschen!‹

Er zog sein Schwert. Angespannt und zitternd duckten sich die Gäste. Naisuke bebte und beschloss, ihm in den Arm zu fallen. Aber genau in diesem Augenblick rief einer der Freunde aus der Ecke:

›Oh, hier ist das Goldstück!‹ Und er warf es aus dem Dunkel hinter der Lampe nach vorn.

Tiefes, erleichtertes Aufatmen ging durch den Raum. Es dauerte lange, bis sich die Gäste beruhigten. Joschko, die Hausfrau, arbeitete längst in der Küche. Plötzlich rief sie – und alle hörten die freudige Überraschung in ihrer Stimme:

›Hurra! Das Goldstück hat sich gefunden! Es saugte sich am Boden des Lackkastens fest, in welchem ich euch die gekochten Yamswurzeln auftrug! Seht her!‹ Und sie brachte den Lackkasten mit dem festgeklebten Goldstück ins Zimmer.

Jetzt waren plötzlich elf Goldstücke vorhanden. Naisuke schüttelte den Kopf.

›Die Rechnung geht nicht auf. Was nun? Irgendjemand von euch hat das Goldstück geopfert, weil er die notvolle Situation nicht ertragen konnte. Aber ich bin ein Samurai, ich kann nicht einfach annehmen, was mir nicht gehört. Wer hat es denn gegeben? Ich lasse euch nicht fort, ehe der Spender entdeckt ist.‹

Einmütig nickten alle Gäste in der Runde.

Naisuke ging in die Küche und sah sich suchend um.

›Ich forsche nach einem hölzernen Gefäß, meine Liebe. Hast du etwa einen Holztopf?‹

Joschko lächelte schelmisch. ›Oh, ich weiß wohl, was du vorhast, mein Bester! Es muss ein Gefäß sein, das kein Geräusch von sich gibt, wenn man etwas hineinlegen oder herausholen will. Das übliche Eisengeschirr würde klirren. Du bist ein kluger, echter Samurai, Naisuke!‹ Und sie richtete ihm ein hölzernes Fässchen. Vorsichtig legte Naisuke das Goldstück hinein, betrat den Garten und stellte beides auf den Rand des Handwaschbeckens am Ende des Gartenweges.

Dann trat er wieder vor seine Gäste.

›Wer immer auch der Besitzer des Goldstückes gewesen sein mag‹, sagte er, ›möge es ungesehen und ungehört beim Heimgehen an sich nehmen. Und weil es schon zu dämmern beginnt, wird jeder einzeln verabschiedet und danach die Tür hinter ihm ein paar Minuten lang geschlossen, bis er den Garten verlassen hat.‹

Ein Gast nach dem anderen trat nun, nach vielen Dankesworten und Verbeugungen – wie das in Japan üblich ist – in die verschneite Morgendämmerung hinaus. Es dauerte seine Zeit, bis alle fort waren.

Danach schrieb Naisuke sogleich mit feinen japanischen Buchstaben einen Dankesbrief an seinen Schwager, den Arzt Seian, und steckte ihn zur Beförderung ein.

Pfirsichfarben lag der Garten im ersten Morgenlicht, als Naisuke seine Frau bei der Hand nahm und mit ihr nach draußen ging, um das Fässchen zu holen. Es war leer. Niemand wird erfahren, wer der Spender war und wer das Goldstück an sich genommen hat.«

Der Professor schwieg. Um seine Lippen spielte wieder jenes geheimnisvolle Lächeln, das wir an ihm liebten.

32

»Ihnen als modernen Europäern wird manches fremd vorkommen an dieser Geschichte«, ergänzte er nach längerer Pause, »aber ich kann Ihnen versichern, dass diese einfühlsame Verhaltens- und Gesinnungsweise auch im heutigen Japan noch lebendig ist und geübt wird.«

Dann nickte er uns freundlich zu, indem er sich erhob, um sich für die Nacht zurückzuziehen. Nachdenklich ließ er uns zurück. Aber noch lange schwang durch unser Zimmer die zarte Menschlichkeit, die in seiner Geschichte eingefangen ist.

Die Fernsehnachrichten ließen wir an jenem Abend ausgeschaltet.

Marisa
Drei Tage auf der Insel Gozo

›Hier könnte ein Traum in Erfüllung gehen‹, dachte ich, als die Fähre in den bescheidenen Hafen einlief. Sonne, Stille und Grün! Von der Mittelmeerinsel Malta war ich im Anschluss an eine Studienreise nach halbstündiger Seefahrt zur Schwesterinsel Gozo hinübergefahren; ich wollte dort drei Erholungstage anhängen.

Glucksend stießen die Wellen an die bunten Fischerboote in dem kleinen Hafen. Schon beim gemächlichen An-Land-Gehen tauchte man in die heitere Gelassenheit der Gozitaner ein. Auf der Fahrt im Kleinbus bis zum Hotel erblickte ich eine erquickend fruchtbare Landschaft, die jetzt, im Spätfrühling, noch nicht von der Sonne versengt war. Sorgfältig geschichtete Steinriegel begrenzten die einzelnen Grundstücke. Einige Höhenzüge überragten die Ebene, in der Ferne blitzte immer einmal die Hauptstadt Victoria durch die Palmen. Wie eine goldene Stadt lag sie erhaben im Abendrot. Aus den dort vorkommenden Globigerinenkalksteinen erbaut, wirkte sie mit ihren Türmen und Kirchen im späten Licht wie ein großartiger Scherenschnitt.

Gozo erschien mir anders als alles bisher Erlebte. Auch das Hotel war anders. Es lag versteckt an der südlichen

Steilküste der Insel. »Ein Geheimtip«, hatte mir in Malta drüben ein Ortskundiger erklärt. Es gehöre wohl einem Ölscheich, sei italienisch geführt, die Einkünfte seien nicht ausschlaggebend.

Blühende Oleanderbüsche im Palmengarten verbargen den Eingang. Das Hotel bestand aus einer Reihe weinumrankter Bungalows. Eine weit gedehnte Terrasse gab den Blick aufs Meer frei. Blühende Ginsterbüsche und Bougainvilleen hingen über die niedere Terrassenmauer. Unter einem Rosenbogen wurde ich in mein ebenerdiges Zimmer geführt. Durch die Balkontür sah ich in ein mir zugehöriges, von Riesenkakteen umrahmtes Gärtchen. Dahinter lag das gepflegte Freibad. Meine Erwartungen hatten sich erfüllt: es war ein Traum. »Sie können natürlich im Meer schwimmen«, erläuterte mir der freundliche Gozitaner an der Rezeption. »Wir haben Stufen in die Steilküste gehauen und einen hübschen Liegeplatz geschaffen. Freilich, Sie müssen gut schwimmen können, denn man kann dort nirgends stehen, und manchmal brandet das Meer gewaltig an die Küstenmauer.«

Aber an diesem Abend war alles so mild und friedlich, dass ich mir nicht vorstellen konnte, wie hart Land und Meer zuweilen miteinander kämpfen. Nach einem ausgezeichneten und sich deshalb lange hinziehenden Abendessen bei Kerzenbeleuchtung setzte ich mich auf das Mäuerchen und genoss den Blick aufs Meer. In der wachsenden Dunkelheit begannen die Lichter von Malta herüberzugrüßen. Und dann ging der Mond auf! Sein Schimmer ergoss sich wie flüssiges Silber über die Wellen. Ein weicher Wind umschmeichelte die noch immer sonnenwarmen Steine, und bis in meinen Schlaf hinein zirpten die nimmermüden Zikaden. Es war wie ein Märchen aus »Tausendundeiner Nacht«.

Als ich am anderen Morgen erwachte, drangen kräftige Sonnenstrahlen durch die Jalousien. Welch herrlicher Tag lag vor mir! Aber seltsam: Nachdem ich nach Morgenschwimmen und Frühstück in meinem Liegestuhl schaukelte, entdeckte ich, dass die Erfüllung der Sehnsucht vermutlich lange nicht so schön ist wie die Sehnsucht selbst. Dabei hatte ich doch alles, was der Mensch sich nur wünschen kann! War es das ungewohnte Alleinsein, das mich befremdete? Gesellschaftliche Ablenkungen kannte das Hotel in diesen Tagen nicht. Die wenigen Gäste schienen ausschließlich aus vornehm kühlen, gelangweilten Engländern zu bestehen. Andererseits fehlten auch Wanderwege, wie wir sie gewohnt sind; bei steigendem Tag blieb man ohnedies besser im Schatten . . .

Was war nur mit mir los? War es eine Art Langeweile, die von solch einem pflichtlosen Tag auszugehen schien und die mir bisher unbekannt gewesen war? Die anspruchsvollen Bücher, die ich mir zum Lesen mitgenommen hatte, wollten in diese harmlose lichte Welt gar nicht hineinpassen, ich hatte keine Lust zum Lesen. Erst jetzt merkte ich, dass ich mein ganzes Sein und Wesen mit auf diese Insel der Seligen mitzunehmen hatte und nicht einfach an der Garderobe abgeben konnte. »Das Elend der Glücklichen?« Nein, ich meisterte die Situation nicht sonderlich souverän und schämte mich über mich selbst. Andere quälten sich zur gleichen Stunde in ihren Alltagsmühlen – und ich? Vermochte ich es nicht, mich diesem vogelleichten Leben auch nur für wenige Tage hinzugeben? Aber es blieb mir nichts anderes übrig, als mich selbst auszuhalten. Statt die seltene spielerische Chance des »dolce far niente« auszunützen, bekam ich ein wenig Heimweh nach meiner Familie in dem trüben, kalten Deutschland. So ist der Mensch! Wo du nicht bist, da ist das Glück!

Gegen Spätnachmittag, als die Hitze nachgelassen hatte, bestieg ich die hochgelegene Zitadelle, ein Ungetüm von Bauwerk. Sie sollte in früheren Jahrhunderten Schutz vor Seeräubern bieten. Ob ich in »abgelebten Zeiten« auch einmal ein Seeräuber gewesen bin? Ich konnte mir die Abenteuerlust der Piraten allzu gut vorstellen. Am Eingang der Zitadelle entzifferte ich eine Inschrift, die den römischen Kaiser Antonius (138–161 n. Chr.) erwähnt. Die alten Römer – welch ein Volk! Und was für eine große Geschichte birgt dieser kleine Erdenfleck! Im Zweiten Weltkrieg haben die Engländer von hier aus ihre Landung auf Sizilien vorbereitet.

Der Bus für die Rückfahrt hatte gewaltige Verspätung, aber das nimmt man in Gozo mit Gelassenheit. Uhren sind nicht wichtig – zum späten Abendessen kommt man trotzdem noch zeitig genug an.

Am nächsten Tag – einem Sonntag – besuchte ich die überfüllte Kirche im Dorf Sannat. Obwohl ich kein Wort verstand, war es nicht langweilig; ich empfand auch deutlich die eigenständige Katholizität des gesonderten Bistums auf der Insel. Es war ganz anders als in Rom oder in Köln, locker, gelöster, sehr heiter. Ich hatte Zeit, den hübschen Menschenschlag zu betrachten, eine Mischung aus Italienern und Arabern. Auch ein paar wunderschöne Frauen waren darunter, schön vor allem deshalb, weil sie sich ihrer Schönheit gar nicht bewusst waren.

Am Abend des sonnenhellen Tages gab es ein schlichtes Feuerwerk mit mächtigem Geknalle, denn irgendetwas haben sie immer zu feiern, die kindlich frommen und dabei so lebensfrohen Gozitaner. Sie sprachen alle ausreichend englisch, ein Überbleibsel aus der Zeit der britischen Kronkolonie, und sie wechselten gerne ein paar Worte mit den Fremden, denn ihr Alltag ist ohne Sensationen; ihr einziger Überfluss ist die reichlich splendide Sonne.

Am letzten Morgen signalisierte mir mein Spiegelbild, dass ich dringend zum Friseur müsse, ehe mich anschließend die deutsche Zivilisation wieder vereinnahmen würde. Trotz meiner Bemühungen fand ich in der Umgebung keinen Salon. Ich wandte mich schließlich an die gefällige Dame an der Rezeption.

»Wir werden Marisa fragen«, erwiderte sie und griff nach dem Telefon. Während des Gesprächs in maltesischer Sprache begann sie so reizend zu lächeln, dass ich neugierig wurde.

»Warum lächeln Sie?«

»You will see! Marisa wird in den nächsten Minuten kommen und Sie abholen. Wollen Sie so lange draußen im Garten auf der Bank unter dem Oleanderbusch warten?«

Während ich genüsslich in der angenehmen Morgenkühle unter Vogelgezwitscher und Blüten saß, ahnte ich nicht, dass mir zum Schluss noch das originellste Erlebnis in Gozo bevorstand.

Erbärmliches Geratter unterbrach die stille Sonnenseligkeit. Vor mir hielt ein benzinstinkendes Vehikel, das vermutlich einmal ein Auto gewesen war. Ihm entsprang leichtfüßig ein kräftiges, sonnengebräuntes junges Mädchen. Sie trug knappe Shorts über einer ärmellosen Bluse und kam so unbefangen, ohne Erdenschwere auf mich zu, dass ich sie um ihre blumenleichte Jugend beneidete.

»Nice to see you«, begrüßte sie mich fröhlich. »Please, get in!«

Vermutlich werde ich nie mehr solch ein ideenreiches Fortbewegungsmittel besteigen. Nach liebevollem Zureden und unzähligen Startversuchen gelang es ihr tatsächlich, den Untersatz in Fahrt zu bringen. Wir hoppelten im Linksverkehr den Berg hinauf und hinunter ins Dorf Sannat hinein. Immer wieder brach Marisa in Jubelrufe aus: »Look here! Look there!« Hunderte von liebenswerten Kleinigkeiten entdeckte ich durch ihre Blicke hindurch, die ich ohne sie nie bemerkt hätte.

Auch in dem kleinen Dorf wirkten die Häuser gepflegt, manche sahen aus wie toskanische Villen. Der leicht zu bearbeitende Baustein auf den Inseln macht den Schmuck von Säulen, Balustraden und Erkern möglich. Freilich, die Gärten fehlen hier genauso wie auf Malta. Blumen gibt es nur, wo bewässert wird.

Vor einem unauffälligen Haus brachte Marisa ihr Fahrzeug zum Stehen. Ich wurde in einen ebenerdigen, mäßig großen, blitzsauberen Raum geführt. Das Inventar bestand aus zwei Stühlen, einem Waschbecken, einer Trockenhaube und einer mit Kosmetikartikeln bestückten Holzleiste an der Wand. Dasjenige Möbelstück jedoch, das den ganzen Raum beherrschte, war ein über dem Waschbecken angebrachter überdimensionaler goldgerahmter Spiegel, der fast bis zur Decke reichte. Dort oben hielt ein riesengroßes Christusbild aus Pappe – dem Thorwaldschen Christus nachgebildet – mit ausgebreiteten Armen symbolisch das Prachtwerk. Eine papierene Rose berührte sein Herz.

Marisa erfasste sofort meinen beherrschten, aber doch nicht allzu andächtigen Blick.

»You are a Moslem?«

»Nein, ich bin – ich bin Christ!«, sagte ich leichthin, war mir aber des Gewichts meiner Worte durchaus bewusst.

Sie strahlte und blickte empor.

»I love him! I love him so much!«

Man musste es ihr bedingungslos glauben. Während sie die Haarwäsche vorbereitete, plauderte sie so herzerfrischend über dies und jenes, dass ich erstaunt ihr sicheres Englisch lobte.

»Ich war einige Zeit in Kanada«, erklärte sie. »Ich bin ausgerissen, denn plötzlich war es mir zu eng hier. Aber das Heimweh hat mich dort fast umgebracht. Und jetzt bin ich wieder hier, bei meinen Eltern, und ich werde nie mehr weggehen, nie, nie mehr! Wissen Sie, meine Eltern brauchen mich! Und Lorenzo braucht mich noch mehr!«

Am Spiegelrand steckte das Foto eines munteren, schwarzlockigen Jungen.

»Wer ist Lorenzo?«

»Er ist mein Sohn. Und er ist das beste, herrlichste Kind der Welt!«

»Und wo ist Ihr Mann, Marisa?«

Sie schüttelte den Kopf.

»Ich brauche keinen Mann. Ich will auch keinen. Frei sein und glücklich sein, das ist genug.«

Vergeblich rang ich um einen passenden englischen Satz als Erwiderung auf diese mich merkwürdig anmutende Aussage. Denn das Mädchen schien mir entschieden zu jung für solch einen stämmigen Sohn. Außerdem – Jungfrauengeburten? Ich hatte da so meine Anfechtungen . . .

Sie begann mir den Kopf einzuschäumen, wobei sie haushälterisch mit dem Wasser umging.

»Water is precious here!« – »Wasser ist hier kostbar!«

Ihre kleinen Hände taten mir ausgesprochen wohl.

»Es war alles ganz einfach mit Lorenzo«, fuhr sie dann fort. »Ich war mit einer Freundin in Rom. Wir waren im Zirkus und nachher besuchten wir hinter dem Zelt noch die Tiere, vor allem die Pferde. Wissen Sie, in Gozo liebt man die Pferde mehr als den Fußball. Und da kam der kleine Junge daher, schlüpfte zu mir, nahm mich bei der Hand und ging nicht mehr von mir weg.«

»Kannst ihn mitnehmen«, sagte die Frau, die ich an einem Wohnwagen befragte. »Er ist uns zugelaufen. Wenn du magst – warum nicht?«

Und so nahm ich ihn mit. Auch hier auf den Ämtern war alles ganz einfach. Ich darf ihn als meinen Sohn behalten. Er macht mich so glücklich!«

Sie spülte meinen Kopf ab und begann mit der Hauptwäsche.

»Auf dieser Seite« – sie deutete auf das Foto am rechten Spiegelrand – »das sind meine Eltern. Es sind die liebsten Eltern auf der Welt. Meine Mutter kocht heute mein Leibgericht: Kaninchenbraten in Rotweinsoße. Ich freue mich so sehr darauf, dass ich gestern Abend vor Glück kaum einschlafen konnte. Und Sie kommen wohl aus dem verregneten England?«

»Nein, ich komme aus Germany!«

»Oh!«

Ich spürte, dass sie nicht so genau wusste, wo Deutschland liegen könnte.

»Ich kenne eben England, Amerika und Italien«, sagte sie mit entwaffnender Ehrlichkeit. »Von Deutschland weiß ich nichts Genaues. Es ist wohl auch sehr klein, nicht wahr?«

»Schon ein wenig größer als Gozo!«

»Finden Sie, dass Gozo nicht groß genug ist? Gewiss, Malta ist größer und reicher. Aber nie, nie würde ich nach Malta ziehen. Gozo ist der schönste Platz der Welt.«

»Lieben Sie die Malteser nicht?«

»Als Christ soll man alle lieben! Aber die Malteser schauen auf uns Gozitaner herunter. Und deshalb, so denke ich, hat Christus die Gozitaner lieber als die Malteser. Und ganz gewiss ist auch der Apostel Paulus einst in Gozo gestrandet und nicht in Malta.«

»Es könnte sein, Marisa. Schließlich liegt Gozo näher an Sizilien, und Paulus wollte ja nach Italien. Bloß werden die Malteser mit dieser Ansicht nicht zufrieden sein.«

Marisa lenkte ein:

»Lassen wir die alten Geschichten ruhen!«

Sie hatte inzwischen mein Haar aufgewickelt und schob mich unter die Trockenhaube.

»Jetzt muss ich rasch mein Söhnchen vom Kindergarten holen«, erklärte sie, entwischte und ließ die Tür eine Handbreit offen.

Da saß ich nun, unter der Trockenhaube gefesselt, allein in einem fremden Land. Ich sollte aber nicht lange allein bleiben. Im Spiegel hatte ich die geöffnete Tür hinter mir sehr wohl im Blick. Zuerst war es ein Kätzchen, das anmutig durch den Spalt schlüpfte. Es fand an der Seite ein bereitstehendes Milchschälchen, sättigte sich und sprang dann graziös auf die Fensterbank. Danach schob sich eine alte, schwerfällige Ziege herein, die sich nicht unfreundlich, aber etwas dümmlich umschaute. Zum Glück zog sie sich bald wieder zurück. Schließlich schlurfte ein alter Mann in den Raum, er hatte einen Knopf in der Hand und murmelte ein paar unverständliche Worte. Offensichtlich wollte er ihn sich von Marisa annähen lassen, aber sie war nicht da, und enttäuscht trottete er davon. Bald darauf erschien eine muntere junge Frau, die drei Tomaten auf den Fenstersims legte. Ja, Marisa führte ein offenes Haus! Sie erfasste die Welt mit den Augen eines gut gearteten Kindes, völlig im Einklang mit sich selbst. Sie schenkte dem Augenblick Leben und Liebe, ohne Berechnung, einfach aus Freude am Dasein. Sie brauchte keine Sensationen, es genügte Kaninchenbraten, um sie vor Glück kaum einschlafen zu lassen. Wie ein erfrischender Wirbelwind tanzte sie schließlich wieder zur Tür herein, befreite mich von meiner Trockenhaube und frisierte mich, was ihr spürbar Wonne bereitete.

Dazwischen wackelte der alte Mann in den Raum, und sie nähte ihm den abgerissenen Knopf an, mein Einverständnis voraussetzend.

Als ich bezahlen wollte, brachte ich sie in Not. Nein, rechnen konnte die kleine Marisa nicht, sie quälte sich mit ihren maltesischen Liras und Cents. Geld war ihr nicht wichtig, ein fremdes Element in ihrem Dasein. ›Selig sind, die nicht rechnen‹, dachte ich, ›denn ihr himmlischer Vater nährt sie dennoch.‹ Ich gab ihr einfach so viel, wie mir recht schien, und sie dankte es mir mit einem erlösten Lächeln.

Dann bestiegen wir wieder unser benzingeschwängertes Vehikel; mit viel Ausdauer und persönlichem Zuspruch brachte sie es in Gang, und wir zockelten miteinander den Berg hinauf zu meinem Hotel. Ich hatte inzwischen gelernt, dass Marisa unberechenbar war wie der Augenblick selbst. So geschah es, dass sie auf der Höhe mitten auf der Straße einen toten Vogel liegen sah. Es war eine Schwalbe, wie wir bald feststellten. Marisa schob ihr Fahrzeug an den Straßenrand, suchte unter ihrem Sitz nach einem Werkzeug und begann, ein kleines Grab zu schaufeln. Sorgfältig und mit den ihr eigenen liebevollen Bewegungen legte sie das Vögelein hinein und deckte es ehrfürchtig zu. Dann faltete sie ihre Hände, sprach ein lautloses Gebet und machte ein Segenszeichen über dem Grab. Das alles wirkte so selbstverständlich, dass es mich anrührte. Albert Schweitzer hätte warme Freude empfunden angesichts dieser absichtslosen und zugleich wissenden Hingabe an Leben und Tod. Endlich gelangten wir zum Hotel; Marisa winkte in die Halle hinein, und alle winkten zurück.

»She is so full of life!«, bemerkte die Dame an der Rezeption und lächelte wieder ihr anmutiges Lächeln.

Hatte ich bereits etwas von Marisa gelernt? In den wenigen Minuten, die ich mich noch in der Hotelhalle aufhielt, geschahen nur nebensächliche Dinge. Aber Marisas Denkweise hatte meine Maßstäbe verändert. Was ist groß, was ist klein?

Zuerst kam ein charmanter Italiener, und die Dame an der Rezeption redete ihn italienisch an. Dann trat ein etwas griesgrämiger, umständlicher Engländer herzu; er schien das einstige britische Kronjuwel samt den Bewohnern noch für sein persönliches Besitztum zu halten. Ihn behandelte sie, englisch sprechend, als einen Gentleman, der sich ihr gegenüber nicht so verhielt. Weitere zwei Leute begrüßte sie in einer Sprache, die ich nicht verstand. Danach erklärte sie einer erquickend hübschen Dame etwas auf französisch.

»Wie viele Sprachen sprechen Sie eigentlich?«, fragte ich sie in einem ruhigen Augenblick.

»Ich spreche acht Sprachen«, erwiderte sie in gebrochenem Deutsch. »Ich hatte große Träume. Aber auf Gozo gibt es keine andere Arbeitsstelle für mich als eben diese hier. Und ich möchte so gerne hier bleiben, ich fühle mich auf der Insel zu Hause.«

»Ich glaube, ich kann Sie verstehen!«, erwiderte ich.

Für den nächsten Tag war die Heimfahrt angesetzt. Sie war aufregend genug, denn niemand auf Gozo hielt sich an die genauen Abfahrtszeiten, und das Flugzeug auf Malta wollte vermutlich pünktlich starten. Aber es wartete gelassen, bis alle eingetragenen Gäste angekommen waren.

Als wir aufstiegen, grüßte ich von der Höhe aus noch einmal die beiden Inseln mit ihren gelben Türmen auf rotem Grund, umgeben vom blauen Mittelmeer, genau zwischen Europa und Afrika.

Ich wusste, ich würde diese Pause vom Dasein in meiner deutschen Alltagswirklichkeit nicht halten können, so wenig wie Marisas Frisierkünste sich bei der Überfahrt im Seewind gehalten hatten. Dennoch wollte ich noch ein klein wenig bewahren, was ich dort erfahren hatte: Die Aufgaben spielerischer angehen . . . Den großen, herrlichen Chor der Schöpfung, in welchem Marisa eine kleinwinzige Stimme hatte, auf neue Weise vernehmen . . . Im Gestrüpp der täglichen Dornen und Disteln die Rosen finden . . . Die Dinge mit leichterer Hand halten . . . Durch alle Endlichkeit hindurch die unendliche Fülle und Liebe tiefer begreifen lernen.

So hatte sich also doch ein Traum erfüllt? O ja, wenn auch etwas anders, als ich ihn mir vorgestellt hatte. Sich hingeben an den Augenblick – das war mir ganz neu aufgegangen.

Kleine Insel Gozo im Mittelmeer!

Meinem äußeren Blick war sie bereits entglitten, als ich erneut von meinem Fensterplatz in die Tiefe sah. Aber mein innerer Blick wird sie festhalten. Denn am Rand dieser kleinen Welt hatte mich der große Atem Gottes auf eine besondere Weise angerührt.

Nur ein Anorak
Eine Begebenheit aus Kapstadt

Seit Jahrtausenden ragen sie in den tiefblauen afrikanischen Himmel, die zwölf Bergriesen, welche man die zwölf Apostel nennt. In Reih und Glied bauen sie sich hinter einer der herrlichsten Meeresbuchten Kapstadts auf, der camps bay.

Am Abend, wenn das Sonnenlicht über dem Atlantischen Ozean bereits erloschen ist, beginnen sie wie beim Alpenglühen zu leuchten und sich im dunklen Meer zu spiegeln, so dass man meint, sie seien aus einer anderen Welt. Jedes Kapstädter Kind kennt die zwölf Apostel so gut wie den Tafelberg.

Unterhalb dieser schroff ansteigenden, gipfelkahlen Berge klettern die Villen der wohlhabenden, meist englisch sprechenden Bewohner sanft in die Höhe. In der Nacht glänzen die Lichter und man könnte meinen, dass die zwölf Apostel sich diamantbesetzte Schulterkragen umgeworfen hätten.

An einer landschaftlich besonders schönen Stelle unterhalb des gewaltigsten Berges haben John und Helen ihren Bungalow. Zum Haus gehört ein alter, palmenreicher Park, der auch an heißen Tagen die Wohnräume angenehm beschattet.

Helen gehört zu den Menschen, die auf der Sonnenseite des Daseins leben dürfen. Sie ist eine entzückende junge Frau englischer Abstammung und das einzige Kind ihrer vermögenden Eltern. Diese haben das Haus mit dem Garten schon zu Zeiten der britischen Kolonialherrschaft erworben. Helen wuchs darin auf wie in einem Paradies. Immer blühte und duftete es irgendwo, und in den verschwiegenen Ecken konnte man herrlich spielen. Am Ende des Parkes wohnte eine schwarze Gärtnersfamilie, die das arbeitsmäßig aufwendige Grundstück gut betreute. Helen hätte als keines Mädchen gerne mit den Gärtnerskindern gespielt, aber als sie ihre Mutter darum bat, sagte diese entschieden: »Es ist nicht üblich, Helen!«

Damit hatte sie sich zu begnügen. Man lebte in der Zeit der Apartheid, von der freilich Helen als Kind so gut wie nichts verstand. Sie hatte auch bald erkannt, dass die schwarzen Menschen ein anderes Volk waren, und sie machte sich keine besonderen Gedanken darüber. Auch die befreundeten weißen Familien der Nachbarschaft lebten auf diese Art.

Auf einem Schiffsausflug hatte sie als junges Mädchen den Möbelfabrikanten John kennen gelernt; die beiden hatten geheiratet. Danach waren die Eltern nach Durban gezogen, um den jungen Leuten genügend Entwicklungsraum zu lassen.

Inzwischen hat das junge Paar zwei reizende, gedeihliche Kinder. Sie werden liebevoll von einer schwarzen Nanny betreut, die morgens mit dem Bus vom nahen Mandelapark herüberfährt und abends wieder dahin zurückkehrt. Helens Mann verdient gut, ist aufmerksam und hilfsbereit, und in dem wunderbaren Klima verläuft ein Tag so ebenmäßig und harmonisch wie der andere.

Die einzige Sorge bildet eigentlich nur immer wieder die Bearbeitung des weitläufigen Gartens, dessen Sträucher und Bäume sich frohwüchsig entfalten. Die treue Gärtnersfamilie ist inzwischen alt geworden und gestorben, und deren erwachsene Kinder sind längst weggezogen. In den darauffolgenden Jahren veränderte sich das politische Klima in Südafrika so stark und die Unruhen der Apartheid wurden so heftig, dass John es nicht mehr wagte, eine neue Gärtnersfamilie in dem mittlerweile baufällig gewordenen Gartenhaus ohne Strom und Wasser anzusiedeln.

Nach dem Ende der Apartheid wurde es abgerissen, und nun haben sich John und Helen mit Gelegenheitsarbeitern zu behelfen. Zwar gibt es genug arbeitslose Männer im neuen Südafrika, aber die meisten jungen Leute, die Helen bisher gehabt hat, waren unerfahren und auch oft genug unzuverlässig. Wenn sie ihren Lohn erhalten hatten, blieben sie eine Weile weg. In letzter Zeit verweilten auch manche unter ihnen überlang zwischen Bäumen und Sträuchern, bis es dunkel wurde. Sodann brachten sie zweifelhafte Freunde als Hilfskräfte mit, und in der Nacht musste man um einen Einbruch bangen. Denn viele der armen Schlucker hatten nichts zu verlieren als ihr Leben und riskierten einen Diebstahl. Dabei gingen sie meist recht geschickt vor und besaßen außerdem europäische Waffen, die sie nicht zimperlich handhabten.

Das alles wurde anders, als Josef kam. Er war von Freunden als hervorragender schwarzer Gärtner empfohlen worden und rührte sich, dass es eine helle Freude war. Er kam pünktlich, jeweils dienstags, hatte ein angeborenes Gespür für alles Lebendige, auch pflegte er selbstständig den Swimmingpool. Er arbeitete zügig und verließ stets vor Einbruch der Dämmerung den Garten, nachdem er zuvor seine Arbeitskleider abgelegt und tadellos gebügelte Hosen angezogen hatte. Dabei war er charmant und nickte anerkennend, wenn Helen ein hübsches Sommerkleid trug. Helen bezahlte ihn angemessen. Oh ja, sie war durchaus sozial eingestellt, hatte genug Entwürdigendes gesehen und war darauf bedacht, Josefs Selbstachtung zu pflegen. Sie spürte, dass er das brauchte . . . Sie brachte ihm auch sorgfältige und reichliche Mahlzeiten in die Grillhütte beim Swimmingpool. Josef bedankte sich jedesmal aufmerksam. Er hatte liebenswürdige Manieren wie ein Mann aus gutem Hause, war schön gewachsen, von freundlichem Wesen und sprach ausreichend englisch. Auch die Kinder konnte man sorglos in seiner Nähe spielen lassen. Er hatte gute, kluge Augen und war in allem der ideale Gärtner, den Helen endlich gefunden hatte. ›Er macht seinem biblischen Namensbruder aus dem Alten Testament alle Ehre‹, dachte Helen lächelnd. ›Es ist wunderbar, wenn man zu einem Menschen volles Vertrauen haben kann.‹

Eines Dienstags im Sommer regnete es in Strömen, was in der Bucht zu dieser Jahreszeit ausgesprochen selten vorkam. Die Wolken schienen sich an den zwölf Aposteln zu stoßen und ihren Segen gerade über Helens

Garten auszuschütten. ›Heute wird Josef nicht kommen‹, dachte sie. Aber als sie nachschaute, schnitt er bereits, völlig durchnässt, die überlangen Zweige an der Oleanderhecke.

»Josef, heute können Sie nicht arbeiten!«, sagte sie.

»Ich muss, Madam! Ich brauche den Verdienst. Meine Familie kann sonst nicht leben.«

Helen besann sich. »Ich gebe Ihnen Vorschuss, Josef!«

Er schüttelte den Kopf.

»O nein, Madam, das ginge gegen meine Ehre.«

Traute er sich selbst nicht zu, das Geld treu zu verwalten? Schwarze Menschen sind das Vorplanen nicht gewöhnt. Oder würde ihm daheim das Geld sofort abgenommen? Hatte er Angst, Verwandte damit unterstützen zu müssen und in der darauffolgenden Woche nichts mehr für sich selbst zu haben?

›Ich sollte ihm einen Regenschutz anbieten‹, dachte Helen.

Allzu viele regenschützende Kleidung braucht man in Camps bay nicht. Auch Schirme sind zwecklos, dafür ist es zu windig. Helen durchsuchte alle Schränke, sie fand für den groß gewachsenen Mann nichts Passendes. Es durfte auch nichts Schäbiges sein, damit verletzte man das empfindlich gewordene Selbstgefühl der jahrzehntelang unterdrückt gewesenen schwarzen Bewohner Südafrikas.

Da war nur noch der besonders wertvolle Anorak ihres Mannes. John hatte ihn, gleichsam als Vermächtnis, von seinem besten Freund in Chicago erhalten. Er hütete das Stück wie einen Schatz, denn der Freund war bald darauf gestorben. Der Anorak war mit allem ausgestattet, was man für ausgedehnte Gebirgswanderungen braucht, und John war sowohl ein leidenschaftlicher Kletterer in Afrikas Bergen als auch ein geübter Surfer in den Buchten des Meeres. Das gute Stück war teuer gewesen, aber der Anorak hielt alles aus, er nahm nichts übel und man fühlte sich in ihm geborgen wie in einem Haus.

›John ist bis morgen verreist‹, dachte Helen. ›Josef wird stolz sein, wenn ich ihm den Anorak leihe. Bis morgen ist alles wieder trocken, und John braucht gar nichts davon zu erfahren.‹

Josef strahlte wie ein Häuptling, als er den Anorak angezogen hatte. Er tanzte bis vor die Glasveranda und besah sich in der Fensterscheibe. Er war in der Tat anzusehen wie ein höchst kultivierter Gentleman. Kleider machen Leute! Dann arbeitete er fleißig weiter wie immer. Aber gerade, als er am Abend heimgehen wollte, fiel ein neuer gewaltiger Regenguss und Helen brachte es nicht übers Herz, ihm den Anorak abzunehmen.

»Morgen früh bringen Sie ihn mir unversehrt zurück, Josef!«, bestimmte sie mit Nachdruck. »Ich kann ihn nicht herschenken, er gehört meinem Mann und er braucht ihn. Ich vertraue Ihnen. Haben Sie alles verstanden, Josef?«

»Aber gewiss, Madam!«, erwiderte er.

Am anderen Morgen regnete es nochmals kurz, hörte aber rasch auf. Nun würde Josef bald kommen.

Aber er kam nicht. Helen wurde nervös.

»Er wird mir doch bis zum lunch den Anorak bringen!«, seufzte sie. Es war ihr höchst unbehaglich zu Mute. John würde sehr ungemütlich werden, wenn er davon erführe.

Am Spätnachmittag kam John von seiner Reise zurück. Obwohl der Himmel aufgeklart hatte, war Josef nicht aufgetaucht.

Helen tröstete sich selbst: ›Bei diesem strahlenden Wetter wird John nicht nach seinem Anorak suchen.‹ Sie sollte sich täuschen. Aufgeregt verließ dieser nach kurzer Zeit das Schlafzimmer.

»Zum Kuckuck, Helen, wo ist denn mein Anorak? Er hängt nicht an seinem Platz! Du weißt doch: er ist mir heilig!«

Helen wusste, dass sie eine schlechte Schauspielerin war. Es würde klüger sein, bei der Wahrheit zu bleiben.

»Ich hab ihn gestern bei dem starken Regen an Josef ausgeliehen. Weißt du, es hat wirklich geschüttet. Er wird ihn heute noch vorbeibringen.«

John erblasste. Ganz leise sprach er:

»Wir werden den Anorak nie mehr sehen, Helen!«

»Nicht doch! Josef ist zuverlässig, und er hat es mir fest versprochen.«

»Das glaubst *du,* du blauäugiges Geschöpf!« John fing, ganz gegen seine Gewohnheit, zu brüllen an. »Wie kannst du dich an meinem Anorak vergreifen! Er war mein kostbarster Anzug. Es ist ja gar nicht der materielle Wert allein, er ist das Andenken an meinen geliebten Freund. Und es sind eine ganze Reihe unersetzlicher Fotos in der Geheimtasche! Helen, ich nehme es dir übel! Ich bin verzweifelt.«

»Lass uns noch ein wenig Geduld haben, John! Ich kann mir nicht vorstellen, dass Josef mein Vertrauen derart missbraucht.«

John sagte gar nichts mehr. Den ganzen Abend nicht. Und auch am nächsten Morgen nicht.

»Ach John!«, Helen versuchte zu schmeicheln. »So kenn ich dich gar nicht!«

Aber John ging aus dem Haus und kam am Abend erst so spät wieder, dass Helen längst im Bett war und dachte, es sei das einfachste, sich schlafend zu stellen.

Am anderen Morgen folgte kein Wort herüber und hinüber. Helen war kaum aufgestanden, als John auch schon die Haustür hinter sich zuschlug.

Gewissenhaft unterzog sich Helen einer Selbstprüfung. Ach ja, in letzter Zeit waren ihr etliche Pannen unterlaufen, die John geduldig geschluckt hatte. Mit zwei kleinen Kindern läuft eben nicht immer alles so, wie man es sich erträumt. Sie war auch noch ein wenig ungeübt in der Haushaltsführung, sie musste es zugeben. Selbst wenn sie Hilfen hatte, so schaffte sie doch nicht immer alles so, wie John das wohl erwartete. Sie war in der Tat ein wenig verwöhnt erzogen worden, das erkannte sie jetzt . . . Ja, sie würde in sich gehen und sich viel mehr Mühe geben als bisher. John würde das spüren und sich bald wieder mit ihr versöhnen. Solch heftige Spannungen waren ihr fremd, sie fühlte sich hilflos und litt unsäglich. Die Stunden schlichen durch den Vormittag.

»Das Wichtigste ist jetzt, den Anorak wieder herbeizuschaffen!«, sagte sie sich. Ihr Entschluss, gleich heute in den Mandelapark zu gehen und nach Josefs Familie zu suchen, stand nach kurzer Zeit felsenfest. Nur nicht noch mehr Zeit verlieren! Natürlich durfte sie als weiße junge Frau nicht versuchen, allein die Siedlung der Schwarzen zu erforschen. Es lungerten sicher genug arbeitslose Männer herum, die in ihrer Überzahl einer Einzelperson gegenüber unberechenbar waren. Und die Polizei konnte mit der Aufarbeitung der vielen Delikte niemals nach-kommen. Helen kannte sich auch gar nicht aus in dem riesigen Slum, der sich Mandelapark nannte. Jedenfalls würde sie Josefs Hütte nie ohne Hilfe finden. Sie sprach auch zu wenig Xhosa, um sich ausreichend verständigen zu können. Nomsa, die Nanny ihrer Kinder, würde ihr den Weg zeigen und sich mit Josefs Familie in deren Muttersprache verständigen.

»Was denkst du, Nomsa? Werden wir den Anorak wieder bekommen?«, fragte sie.

»Ich weiß nicht, Madam!«

Die Kinder würde man mitnehmen müssen, aber das war kein Problem. Die Schwarzen sind kinderlieb, es würde ihnen nichts geschehen.

Steil und stumm standen die Apostel in der gleißenden Nachmittagssonne über der zauberhaft schönen Ufer-straße, als Helen mit Nomsa und den Kindern zum Man-delapark fuhr. An einer ihr ungefährdet erscheinenden Stelle versteckte sie, so gut es eben ging, ihr sorgfältig abgesichertes Auto, dann erstiegen sie alle das von den Schwarzen bewohnte Gelände.

Immer wieder lagen Betrunkene mitten auf dem Weg. Arbeitslose junge und ältere Männer hockten den Häu-sern entlang. Hunde und Kätzchen streunten umher.

Josefs Hütte lag im oberen Teil des Mandelaparks, und Helen war froh, als sie am Ziel war. Was hatte sie sich da vorgenommen! John hätte nie davon wissen dürfen.

Die Kinder blieben mit Nomsa im Freien, während Helen Josefs Haus betrat. Die Tür war nur angelehnt. Man gelangt sofort in den meist sauberen Wohnraum, wenn man die Hütten der Schwarzen besucht. Helen sah noch, wie eine Reihe jüngerer Bewohner bei ihrem Eintritt fluchtartig verschwand. »Hallo!«, rief sie mehrmals, aber sie musste lange warten, bis eine ältere, recht gut aussehende Frau erschien. Sie war sofort als Josefs Mutter zu erkennen, sie sah ihm sehr ähnlich und hatte dieselben aufmerksamen und zugleich schwermütigen Augen, die viel gesehen hatten. Als Helen ihr Anliegen vorbrachte, schien die Mutter davon zu wissen. Sie forderte sie zum Sitzen auf.

»Ihren Anorak werden Sie nicht wieder bekommen, Madam!«, begann sie. Dabei sprach sie ein gutes Englisch.

»Ich war lange Jahre im Dienst einer englischen Familie!«, erklärte sie.

»Der Anorak ist weg? Das ist ja furchtbar!«, rief Helen. »Man kann doch nicht einfach lügen und etwas nehmen, was einem nicht gehört! Josef hat mein Vertrauen enttäuscht, das ist ein großes Unrecht!«

Die Frau wiegte den Kopf.

»Unrecht hin, Unrecht her!«, sagte sie. »Josef trug den Anorak unter dem Arm zusammengerollt, als er kam. Sein Bruder hat das gute Stück sofort an sich genommen und es inzwischen günstig verkauft. Er ist geschäftstüchtiger als Josef. Sie müssen wissen, Madam, bei uns ist es *so:* Was *einem* gehört, das gehört zugleich auch allen anderen. Jeder sorgt dafür, dass der andere nicht *mehr* hat als er selbst. Auf diese Weise kann keiner von uns auf einen grünen Zweig kommen, denn wenn alle arm sind, muss man nicht neidisch aufeinander sein; aber schwer ist das schon manchmal. Also – der Anorak musste schnell weg. Nun kann von dem Geld der begabte Sohn meiner verstorbenen Schwester noch ein Jahr länger zur Schule gehen und danach vielleicht einen guten Beruf erlernen. Für meine kranke Tochter kann ich eine Matratze kaufen. Unserer Nachbarin werden wir mit dem Geld helfen, ihre Eltern auf dem Land zu besuchen.«

Sie lächelte. Helen erwiderte ihr Lächeln nicht. Sie dachte an John. Wie unruhige Vögel, die sich nirgends niederlassen können, flogen ihre Gedanken hin und her. Ihre Ehe hatte einen Riss bekommen. Bis an ihr Lebensende würde sie von nun an bei jeder Gelegenheit Vorwürfe über den fehlenden Anorak hören.

»Wissen Sie, was Armut ist?«, fragte die Mutter nach langer Pause. »Meine Enkelkinder können wegen der fehlenden Schuluniform und den dazugehörigen Schuhen bis jetzt keine Schule besuchen. Man muss alles selbst bezahlen, und wir haben das Geld noch nicht beisammen.«

Jetzt erst sah Helen die verarbeiteten Hände der Frau.

»Josef hätte mit mir reden müssen«, fuhr sie danach aber energisch fort, und sie spürte, dass ihr neue Kräfte wuchsen. »Es hätten sich Mittel und Wege finden lassen.«

Die alte Frau lächelte wieder. »Ja, aber wie? Wir sind zu viele, die in Not sind. Vielleicht hätte Josef den Anorak

von sich aus ganz gerne zurückgebracht, aber die anderen hätten das nie geduldet. Was man hat, das hat man.«
»Es war nicht recht«, wiederholte Helen, aber sie kam sich reichlich hilflos dabei vor.

Die alte Frau seufzte.

»Sicher war es nicht recht, Madam. Es ist so vieles nicht recht auf der Welt. Es geht sehr ungerecht zu auf unserer Erde. War es recht, wie es vor der Apartheid in unserem Land zuging? Ist es recht, dass die einen alles im Überfluss haben und Millionen hin- und herschieben, und die anderen verhungern? Die Welt ist voller Unrecht, Madam. Wer die Macht hat, der hat Recht, auch wenn es Unrecht ist. Wie gesagt, Sie wissen nicht, was Armut und Erniedrigung ist, und ich verzeihe es Ihnen. Legen Sie den Anorak auf den großen Berg von Schuld, der sich in vielen Jahrzehnten unbeabsichtigt auf den Häuptern der Besitzenden angesammelt hat. Ich meine damit nicht, dass alle arm werden sollten. Man hilft den Armen nicht, wenn man die Reichen auch arm macht. Außerdem muss man alles im Zusammenhang sehen: es ist schon viel Gutes durch die geschäftstüchtigen Reichen entstanden. Mit uns Armen kann man die Welt nicht umtreiben.«

Sie machte eine Pause. Leise und sehr ernst fuhr sie fort: »Ich hasse nicht, Madam. Hass wird nicht fruchtbar. Es baut nirgends auf, das haben wir von unserem großen Mandela gelernt. Früher, als die Apartheid manchmal bitter war, habe ich auch gehasst. Aber dann erkannte ich, dass wir denen, die wir hassen, große Macht über unser Denken und unseren inneren Frieden geben. Nein,

Hass ist kein Ausweg. Der einzige Ausweg ist die Verge-
bung, deshalb waren bei der Wahrheitskommission die
Schwarzen oft viel bereitwilliger im Verzeihen als die
Weißen.«

Wieder entstand eine lange Pause.

»Aber . . . aber könnte ich den Anorak nicht irgendwo
zurückkaufen?«, fragte Helen bedrückt. »Mein Mann ist
sehr böse auf mich.«

Verständnisvoll nickte die alte Frau.

»Oh ja, ich weiß, Männer sind manchmal einfältig und
egoistisch. Nicht alle, aber viele. Vielleicht bleiben sie
immer ein Stück weit Kinder.« Stolz hob sie den Kopf.
»Was wäre Afrika ohne seine Frauen! Aber, Madam, Sie
werden den Anorak nicht mehr finden. Es gibt keinen
anderen Weg. – Ihr Mann muss Verzeihen lernen!« Wieder schwieg sie eine Weile. »Recht und Gerechtigkeit
sind auf dieser Erde, wie es scheint, nicht zu haben«,
fuhr sie endlich fort. »Es geht nicht ohne Vergebung,
sonst enden wir alle – im Kleinen wie im Großen – in
Hass und Zerstörung. Oh, unser Herr und Meister hat
sehr wohl gewusst, warum er uns das Große Gebet
lehrte: And forgive us our debts, as we forgive our
deptors! Und selbst am Kreuz bat er noch: »Vergib
ihnen, denn sie wissen nicht, was sie tun!«

Heimlich musste Helen tief Luft holen. Ja, diese starken
schwarzen Frauen! Hier war wieder eine von den unge-
sehenen Heldinnen des Lebens.

»Aber«, sagte sie schließlich, »wenn Josef das nächste
Mal kommt, weiß ich nicht, wie ich ihm begegnen soll!«

»Josef wird nicht mehr kommen, dazu ist er zu stolz.

Sorry, Madam. Ich bringe Ihnen jetzt eine Tasse Tee.«
Durch die nun geöffnete Tür sah Helen in einem dämm-
rigen Nebenraum eine deutlich kranke Frau auf einem
kümmerlichen Strohsack liegen. Daneben stand eine
jüngere Frau, die über dem Waschbrett Kleidungsstücke
schrubbte.

Wie konnte man nur solch ein Leben aushalten! Dabei
hatte Josefs Mutter jahrelang tagaus, tagein bei einer
reichen, vornehmen Familie gearbeitet!

Es war nicht das erste Mal, dass Helen Armut und Elend
sah. Aber es war ihr nie durchs Herz gegangen. Es gab
eben Arme und Reiche, unabänderlich. Nun jedoch war
plötzlich alles anders. Vor einer halben Stunde hätte sie
noch gedacht: Von Leuten, die mir einen Anorak stehlen,
nehme ich keine Tasse Tee an. Nun aber empfand sie das
Angebot fast als eine Art Versöhnungsgeste, deren sie
gewürdigt wurde. ›Ach, ich muss noch viel lernen‹,
dachte sie. ›Ich *will* lernen! Es ist nicht meine Schuld,
dass ich als Weiße geboren bin. Aber es ist auch kein
Verdienst. Auf jeden Fall jedoch habe ich die Pflicht des
Zur-Kenntnis-Nehmens.‹ Betroffen entdeckte sie, wie
gedankenlos sie bisher in den Tag hineingelebt hatte.
Man lebte eben so in ihren Kreisen . . . Und man gewöhnt
sich an alles. Oder verdrängt man nur die unangenehmen
Wahrheiten, weil man sie anders nicht aushalten könnte?
Es wurde eine gute Teestunde. Die alte Frau erzählte von
ihrer großen Familie im Zululand, von Verfolgungen,
Umsiedlungen, von Flucht und Krankheit, Not, Tod,
Feuersbrunst und Flutkatastrophen sowie tapferem Wie-
deraufbau mit bescheidensten Mitteln. Von der Hoff-

nung, nun endlich im Mandelapark, dessen Gelände für die Schwarzen ausgewiesen worden war, den Grund und Boden unter ihrem Haus als Dauerbesitz erwerben zu können. Und von der Sehnsucht, herauszukommen aus Armut, Existenzkampf und Demütigungen.

Als Helen die Hütte verließ und nach ihren Kindern rief, die lustig mit den schwarzen Kindern ringsum gespielt hatten, kamen ihr die eigenen Kümmernisse winzig klein vor im Vergleich zu den Lasten, welche diese schwarze Mutter im großen Familienverband zu tragen hatte. Gewiss auch Lasten von Schuld. Es gibt kein Leben ohne Schuldigwerden, das war ihr plötzlich aufgegangen. Aber ach, auch Schuld hat viele Gesichter.

Auf dem Rückweg hielt sie am Aussichtspunkt der Uferstraße an.

»Geht voraus«, sagte sie zu Nomsa und den Kindern. »Es ist ja jetzt nicht mehr weit nach Hause. Ich komme bald nach.«

Sie musste mit sich selbst ins Reine kommen. Ein Anorak, ein armseliger Gegenstand, hatte Lawinen von neuen Sichtweisen in ihr ausgelöst!

Welch riesige Zusammenhänge taten sich auf! Der Schmerz um Josefs Vertrauensbruch und zukünftiges Fortbleiben brannte zwar immer noch heftig in ihr, aber sie konnte das Geschehen jetzt doch irgendwo sinnvoll einordnen. Gleichzeitig war ja auch manch Gutes daraus erwachsen. Im Grunde aber war das Schlimmste, dass sie sich selbst ihre Tat nicht verzeihen konnte. Denn dadurch war doch jetzt ihr Hauptproblem entstanden, der Streit mit John. Sie sah noch keinen Ausweg. Die Sache ließ sich nicht mehr ungeschehen machen. Wie musste sie es anstellen, dass John wieder herausfand aus seiner Trotzhaltung, in die er sich verrannt hatte? Es wirkte fast, als wolle er nur eines Anoraks wegen ihre Ehe aufs Spiel setzen. Das durfte nicht sein, sie empfand es jetzt, nach allem, was sie inzwischen erlebt hatte, als unreif, ja sogar als ein bisschen kindisch ...

Sie blickte empor zu den Aposteln. Die Bergspitzen lagen im letzten blitzenden Sonnenschein. Aber jetzt wirkten sie nicht mehr steif und stumm, es war, als würden sie reden. Nicht sieben Mal, sondern sieben Mal siebzig Mal, sagten sie. Unendliche Male musste man verzeihen lernen, sich selbst, dem Josef, ihrem John.

Welcher der zwölf Bergriesen war wohl der Judas? Ihn, den Leonardo da Vinci auf seinem berühmten Abendmahlsbild als Einzigen schwarz gemalt hatte? Erst jetzt dachte sie neu darüber nach. »Herr, bin ich's?«, hatten alle Jünger gefragt. Fühlten sie sich denn alle miteinander fähig zum Verrat? Oder waren ihnen, wie ihr, Helen selbst an diesem Nachmittag, plötzlich die Augen aufgegangen?

Judas hatte sich seine Tat genau durch diesen Verrat nicht verzeihen können und vernichtete sich; aber das Heilsgeschehen wurde damit ausgelöst. Ach, welche Gedanken kamen ihr da – und das alles wegen eines gestohlenen Anoraks. War es der Sinn jeglichen Geschehens, auch des kleinsten, heilsam zu werden? Ja, so war es wohl. Getröstet fuhr sie die Anhöhe empor.

Auch an diesem Abend kam John nicht nach Hause. Helen wartete geduldig, bis sie endlich, sehr spät, sein

Auto in die Garage einfahren hörte. Trotz ihres Herz-
klopfens war sie fest entschlossen, ihn herzlich um Ver-
zeihung zu bitten. Falls er wieder abweisend wäre oder
gar aus dem gemeinsamen Schlafzimmer ausziehen würde, könnte sie versuchen, ihm schriftlich auf liebevolle
Weise seine kleinliche Haltung mit allen Folgen klarzu-
machen und ihn auf größere Zusammenhänge hinweisen. Es schien ihr, als habe sie in der kurzen Zeit einige
deutliche Reifestufen erklommen, die ihren Mann, so
wie sie ihn kannte, nicht unbeeindruckt lassen würden.
John schien unendlich lange zu brauchen, bis er alle Ein-
bruchsicherungen kontrolliert, die Warnanlage richtig
eingestellt und den Reinigungsmotor am Swimmingpool
ausgeschaltet hatte. Brachte er sonst nicht alles zügiger
zu Wege? Dann trat er ins Wohnzimmer.
»Du bist noch auf?«, und sie überhörte die freudige
Schwingung in seiner Stimme nicht. Sie erhob sich.
»John, ich wollte dich aufrichtig bitten, ich wollte . . .«
Er ließ sie nicht ausreden, sondern nahm ihr Gesicht in
beide Hände:
»Ich habe sehr kleinkariert reagiert, Helen! Verzeih
mir!«
Sie blickte ihn voll an. Trotz seiner von deutlicher Erschöpfung gezeichneter Müdigkeit wirkte er gesammelt
und fest.
»Ich wollte gar nicht mehr nach Hause«, fuhr er fort.
»Ich kam sogar auf Scheidungsgedanken, aber dann geriet ich in meiner Verzweiflung ins Kino, denn es war
allzu windig im Freien. Eigentlich wollte ich dort nur
schlafen, und es gelang auch. Ein überlanger, französi-

scher Film. Victor Hugo: Les Misérables. Ich kann ja kaum französisch, und so war mir der Film gerade recht. Aber warum bin ich genau an einer Stelle aufgewacht, die mich betraf? Da hatten die Elenden dem Bischof alles Silber gestohlen, aber der Bischof, der sie bestrafen sollte, vergab ihnen und sagte nur – falls ich es recht verstanden habe: ›Nehmt's hin! Ihr werdet's brauchen!‹ Das traf mich wie ein Blitz. Plötzlich wusste ich: Vergebung ist der einzige Ausweg. Ich vergebe dir, Helen! So wie du mir meine Sturheit vergeben musst!«

Helen hatte längst ihre Arme um Johns Hals geschlungen.

»Zuallererst musste ich lernen, mir selbst zu verzeihen«, flüsterte sie. Und nun schlüpften doch ein paar Tränen aus ihren Wimpern.

Sie erzählte von der Begegnung mit Josefs Mutter. John schalt nicht, sondern hörte aufmerksam zu.

»Solch eine Anorakpanne – und welche Horizonte tun sich dahinter auf!«, sagte er verwundert. »Wir leben entschieden zu gedankenlos. Das soll in Zukunft anders werden!«

Danach waren beide so müde, dass sie rasch zu Bett gehen wollten. Helen eilte ins Schlafzimmer, um die Vorhänge zuzuziehen. Wieder schaute sie zu den Bergen empor, wenigstens zu denen, die sie vom Fenster aus sehen konnte. Derjenige, der ihrem Haus am nächsten stand, war von ihr seit je zum Petrus ernannt worden. Der Mond schien sich hinter ihm zu verstecken, denn der Felsenrand schimmerte in einer Art Strahlenkranz durch die Dunkelheit.

»Wie gut, dass Petrus so viel Vergebung gebraucht hat, nicht wahr, John?«, rief sie ins Badezimmer hinüber. »Ohne seine Verleugnungspanne wäre er nie der todesmutige Apostel geworden. Die göttliche Endlösung heißt wohl: Schuld wird zum Segen.«

John war bereits im Bademantel, er fühlte sich wie befreit von einer dumpfen Gefangenschaft.

»Schön, wie du das gesagt hast, Helen«, rief er zurück, »obwohl es mir lieber wäre, solche Segnungen durch deine Unüberlegtheiten hielten sich künftig in Grenzen.« Er lachte leise.

Dann trat er noch einmal hinaus auf den Flur. Im zurückgeschraubten, verhaltenen Licht der Deckenlampe sah Helen ihn auf einmal ganz neu. Seine Züge wirkten älter, asketisch und sehr ernst.

»Ich will es anders sagen, Helen«, ergänzte er mit Nachdruck. »Du hast die Kraft bedingungslosen Vertrauens aufgebracht, als du Josef den Anorak gabst. Das ist immer etwas Großes. Er hat dein Vertrauen missbraucht. Der Schmerz über dieses geschädigte Vertrauen wird dir bleiben. Du wirst in Zukunft nie mehr so müheloses Vertrauen wagen. Aber du hast vergeben. Das ist das Größte, was man tun kann. Es nötigt mir Hochachtung ab.«

Leise löschte er das Flurlicht. Dann ging er im Dunkel unhörbar ins Bad zurück. Und Helen war es, als habe sie ihren Mann noch nie so tief geliebt wie in diesem Augenblick.

Das Versteck
Eine Geschichte von Menschen, die heimatlos sind

Vor einer Stunde war alles noch so gut und schön gewesen, Isabel war mit einer köstlichen Tasse Nachmittagskaffee allein im sonnigen Wohnzimmer gesessen und hatte durch die frisch gewaschenen Vorhänge in den Garten und den dahinterliegenden schwäbischen Wald hinausgeschaut. Sie hatte sich ihre Lieblingsmusik aufgelegt – Bach, Händel, Vivaldi – und ihren abgeschlossenen Großputz gefeiert. Denn Eckart, ihr Mann, war ein paar Tage geschäftlich unterwegs – er richtete Ingenieurbüros ein – und sie hatte seine Abwesenheit gut genutzt. Morgen Abend würde er wieder da sein, und sie freute sich auf ihn.

Auch auf ihren Sohn Friedhelm freute sie sich, er würde übers Wochenende kommen. Zur Zeit arbeitete er freiwillig im nahen Asylantenheim, bis er einen anderen Job erhalten würde. Eckart und Isabel hatten es nicht gerne gesehen, dass Friedhelm die Arbeit im Asylantenheim übernommen hatte. Da sie ihn aber von Kindheit an zur Hilfsbereitschaft für die gesellschaftlich Schwachen erzogen hatten, konnten sie ihm jetzt nicht widersprechen. Im Grund war Isabel auch gleichzeitig stolz auf den selbstlosen Einsatz ihres Sohnes.

»Ich bin glücklich«, sagte sie vor sich hin. »Unser hart errungenes Haus ist fertig und schön geworden. Ich genieße die wunderbare, ruhige Lage! Ich habe eine liebe Familie und bin leidlich gesund. Jetzt nehme ich mir eine Stunde Zeit, um dankbar zu sein und zu träumen!«

Der Nachmittag ging schon in den Abend über, als sie endlich ihre leere Kaffeetasse ergriff, um sie in die Küche zu tragen. Beim Hinausgehen streifte sie leicht an der Wand. Dabei fiel ein kleines Bild herab, sie hatte es nach dem Großputz wohl zu flüchtig aufgehängt. Nicht schlimm, das Glas war unbeschädigt. Ein altes Foto, ein Kinderbild ihrer verstorbenen Mutter. Sie stand zusammen mit einer Freundin aus dem Nachbarhaus auf einer Blumenwiese. Das Kind auf der rechten Seite war eine Schönheit mit seinen großen, dunklen Augen, aus welchen die Schwermut eines uralten Kulturvolkes sprach. Die kleine Esther war Jüdin. Es war das letzte Foto der beiden Kinder aus dem Jahr 1934. Eines Tages war, zum großen Schmerz von Isabels Mutter, die kleine Esther plötzlich fort gewesen. – Auf die Rückseite des Fotos hatte Friedhelm ein Zeitungsbild von Anne Frank geklebt. »Eigentlich wollte ich dich auch Esther nennen, nach der ersten großen Liebe meines Lebens«, hatte die Mutter zu Isabel gesagt. »Aber dein Vater meinte dann doch, es passe nicht recht, du warst blondlockig und blauäugig.«

Esther war umgekommen, vermutlich in Auschwitz, es ließ sich nicht mehr so genau ausmachen. Isabel hatte sich damals, als die Mutter von Esther erzählte, auch noch nicht sonderlich dafür interessiert. Aber jetzt, als sie das Foto auf die Theke legte, griff ein merkwürdiger Schmerz nach ihr. Solch ein schönes, lebensvolles und sicher auch begabtes Kind! Hätten die Großeltern es nicht doch verstecken und als ihr eigenes Kind ausgeben können? In jener damals abgeschiedenen Gegend hätte das doch gelingen müssen! Isabel, die selbst brennend gerne ein kleines Mädchen gehabt hätte, wurde seltsam traurig.

In diesem Augenblick läutete das Telefon. Es war Friedhelm, ihr Sohn. Er schien aufgeregt.

»Mutter, mach Gartentor und Terrassentür auf, dass ich von hinten hereinkommen kann. Bis gleich, Tschüss!«

Nichts weiter. Was war los? Vorbei die schöne Stunde! Unruhig öffnete Isabel die Türen. Angespannt hörte sie in der wachsenden Dämmerung auf jedes Geräusch. Es dauerte nicht lange, bis Friedhelm leise, sehr leise, mit seinem unbeleuchteten Auto vor die hintere Tür zuckelte. Isabel sah dunkel, wie er hinter der Frontscheibe seinen Finger auf den Mund legte zum Zeichen, dass sie keinen Laut von sich geben sollte.

Er fuhr dicht an die Terrassentür heran, was man eigentlich gar nicht konnte. Aber Friedhelm brachte manches zu Wege, was andere nicht vermochten. Er öffnete unhörbar sein Auto und schob eilig vier Personen, zwei Erwachsene und zwei Kinder, ins Wohnzimmer. Rasch ließ er die Rollläden herab. Erst dann atmete er auf.

»Es sind Kurden, Mutter. Du musst sie bei uns verstecken, wenigstens so lange, bis ihr neuer Asylantrag genehmigt ist. Sie sind in einer verzweifelten Lage, politisch Verfolgte. Trotzdem ist ihr Antrag abgelehnt worden. Sie sollten heute Abend abgeschoben werden, ich habe es zufällig erfahren. Aber sie werden umgebracht, wenn sie in die Türkei kommen. Ihr ermordeter Bruder soll bei der PKK gewesen sein. Wir haben jedoch Beweise, dass diese Familie nichts damit zu tun hat.«

»Friedhelm«, flüsterte Isabel entsetzt, »das kannst du doch mit mir nicht machen! Wir vergehen uns gegen das Ausländergesetz! Womöglich komme ich ins Gefängnis! Und dann ausgerechnet auch noch Kurden!«

»Gewiss Mutter! Und nun – sieh her!« Vorsichtig hob er das lange Kopftuch der Frau. Der entblößte Rücken zeigte entsetzliche Wunden und Folterspuren. Noch nie hatte Isabel in Wirklichkeit so etwas gesehen. Der Mann schleifte einen kaputten Fuß hinter sich her. Isabel musste sich an der Theke festhalten. Und da lag das Bild mit den ernsten Augen der kleinen Esther. Ja, so war das mit dem Verstecken . . .

Sie hatte im Augenblick weder den Mut noch die Kraft, den Sohn und die Fremden aus dem Haus zu weisen.

Friedhelm ging geschickt und umsichtig vor.

»Die Verstecke müssen so gut sein, dass selbst die Polizei sie nicht findet«, erklärte er. Ein Funke Abenteuerlust blitzte in seinen jungen Augen auf. »Du wirst sehen, Mutter, wir schaffen das! Es ist ja nicht für lange! Immer, wenn es an der Haustür läutet, verschwinden sie.«

Hilflos stand Isabel vor dem stummen Menschenhäuflein. Wie oftmals im Leben, so bildeten auch jetzt die Kinder die Brücke des Verstehens. Sie wurden bald zutraulicher, sprachen auch bereits einige Brocken Deutsch.

»Es ist schön hier!«, sagten sie alle zwei und blickten anerkennend zu Isabel empor.

Friedhelm mochte sich wohl zuvor schon Gedanken über alle Verstecke und einer Wohnmöglichkeit im Dachgeschoss zurechtgelegt haben. Denn er kam bald wieder zurück, gab seine Anweisungen und dann den Befehl zum probeweisen Verstecken. Er schlich ums Haus und läutete an der vorderen Eingangstür. Hatte die Familie schon Erfahrung im Verschwinden? In Sekundenschnelle waren alle vier Personen unsichtbar. Wider Willen musste Isabel herzlich lachen. Friedhelm benutzte den Augenblick, um sich zügig zu verabschieden.

»Ich muss fort, damit niemand wegen meiner Abwesenheit Verdacht schöpft. Bis heute Abend, Mutter!«, und weg war er.

Erst jetzt entdeckte Isabel, dass Friedhelm die große Weihnachtstruhe in der Ecke des Flurs ausgeräumt hatte. Glaskugeln und Christbaumschmuck lagen auf dem Boden. In der Truhe hatte der kleinste Junge sein Versteck. Nun, sie hatte Luftlöcher auf der Rückseite, und vielleicht brauchte man das Versteck nicht oft. Den Weihnachtsschmuck konnte man durchaus in einem großen Karton im Keller unterbringen. Und auf einmal wurde Isabel von einem tiefen Erbarmen für diese vier heimatlosen Menschen erfasst. Womit hatte sie, Isabel, es verdient, dass sie selbst nicht als Kurdin geboren war? Und dass ihre Mutter im Dritten Reich keine Jüdin gewesen war?

Die Leute mussten etwas zu essen haben. Was und wie essen muslimische Kurden eigentlich? Die junge Mutter blieb stumm. Isabel ahnte sehr wohl etwas von dem inneren Versehrtsein der Gefolterten. Der Mann gab den Kindern kurdische Anweisungen. Wieder waren sie es, die Hilfe leisteten. Sie gaben Auskunft über die Essgewohnheiten. Die ganze Familie war, das merkte Isabel schon nach wenigen Stunden, äußerst bescheiden und rücksichtsvoll.

Spät am Abend kam Friedhelm, er hatte sich korrekt im Asylantenheim abgemeldet. Und da weder Mutter noch Sohn ans Schlafengehen denken mochten, berichtete Friedhelm die halbe Nacht lang vom Schicksal der Kurden, dieses heimatlosen, verfolgten und umhergetriebenen Bergvolks, das verstreut in der Türkei, im Iran, im Irak und in Syrien zu leben gezwungen war, ein Minderheitenvolk, das niemand liebte, das nirgends Macht besaß und keine Bildungsmöglichkeiten hatte. Die meisten Menschen auf der Welt verschlossen vor der Not dieser Völkergruppe die Augen, und wenn diese sich wehren wollte, so geschah es auf ungeschickte Weise. »Ein guter Kurde ist ein toter Kurde«, lautet ein türkisches Sprichwort. Verbrannte Dörfer, zerstörte Häuser, vertriebene Herden – das war alles, was diese Kurden über ihre Heimat berichten konnten. Nein, es war nirgends Staat mit ihnen zu machen. Friedhelm wusste die Namen der Familie. Es handelte sich um Mehmet und Selime Özkan mit ihren Kindern Sevin und Jakub. Sie entstammten dem Dorf Xirabetuwa in der südöstlichen Türkei, nahe der syrischen und irakischen Grenze. Die Familie war 1996 nach Deutschland eingereist und hatte Asyl beantragt. Trotzdem war das Verfahren jetzt abgelehnt worden.

»Wenn Mehmet sich deutsch ausdrücken könnte, Mutter«, meinte Friedhelm, »dann würde er dir ganze Romane berichten über sein jahrelanges Leben im Untergrund, in der Türkei, in Höhlen, Bergschluchten und Wäldern, immer auf der Flucht vor Militärpatrouillen und Spitzeln, so genannten Dorfschützen, die ihn unter fadenscheinigen Gründen verfolgten. In einigen Dörfern ging man mit Giftgas vor, manche Regierungsbezirke strebten eine kurdische Endlösung an. ›Kein Mitleid mit Frauen, Kindern und Alten‹, lautete die Parole. Nicht wenige Bewohner konnten noch rechtzeitig fliehen. Aber wohin?«

Isabel schüttelte den Kopf.

»Ach, Friedhelm, in welcher Welt leben wir! Ruhelos gehen Not, Hunger und Flucht immer wieder von neuem über den Erdboden! Und warum haben die Menschen solche Freude am Morden? Oder sind wir zu viele geworden?«

Friedhelm ging nicht auf ihre Gedanken ein.

»Wir haben genügend Material, um die Özkans vor dem Verwaltungsgericht frei zu bekommen«, erklärte er. »Unsere Bearbeiter sind keine Unmenschen. Aber es ist schwer für sie, denn oft genug lassen sich eben auch Kriminelle einschleusen. Das müssen die Unschuldigen dann mit erleiden. Und der Ausländerhass steigt. Wir müssen ein wenig Geduld haben, Mutter, bis die Petition durch die entsprechenden Stellen gelaufen ist.«

Sorgenvoll blickte Isabel zu ihm empor.

»Was heißt da: ein wenig Geduld, Friedhelm?«

»Ich weiß es nicht, Mutter, ich weiß es nicht . . .«

Danach half er ihr bei der Zusammenstellung eines Einkaufsplans für die fremden Essgewohnheiten der Familie Özkan.

In der Nacht schreckte Isabel immer wieder auf, weil sie meinte, die Hausglocke sei gegangen. ›Das Leid wandert von Land zu Land‹, dachte sie. ›Es geht über Zeiten und Generationen hinweg, lässt immer wieder Kriege und Verfolgungen, Heimatlosigkeit und Krankheitselend entstehen. Ich versuche zu helfen, aber es ist nur ein Tropfen auf einen heißen Stein.‹ Sie erhob sich von ihrem Bett und trat ans Fenster: »Ja, ein Tropfen auf einen heißen Stein«, wiederholte sie, »aber es sind eben keine Steine, es sind Menschen.«

Als Isabel am anderen Morgen das Haus verließ um einzukaufen, meinte sie, alle Leute müssten es ihr ansehen, dass sie Asylanten versteckt hatte. Es war ja durchaus begreiflich, dass die Frau Metzgermeister fragend zu ihr aufblickte, nachdem sie ihren merkwürdigen Einkauf an der Kasse abgerechnet hatte. Als sie in der Apotheke Salbe und rezeptfreie Schmerzmittel holte, fragte die liebenswürdige Frau Apotheker besorgt:

»Es ist doch niemand krank bei Ihnen, Frau Müller?«

»Nein, nein«, sagte sie, »ich will mich nur eindecken für die kommende Auslandsreise meines Sohnes.« Das Lügen hatte also bereits begonnen. Wie ungeübt sie doch darin war! Ja, sie hatte sich auf eine heikle Situation eingelassen.

Wieder daheim angelangt, fuhr sie bei jedem Klang der Hausglocke erschrocken zusammen. Schon immer hatte sie ein zartes Nervenkostüm gehabt, sie wusste es. Die

Versteckerei der Kurden freilich klappte großartig. Und jedesmal, wenn Isabel das mit Friedhelm vereinbarte Entwarnungszeichen geben konnte, krochen die Kinder mit lachenden Gesichtern aus ihren Behältnissen. Die Eltern weilten meist im Dachgeschoss.

Auf der Theke lag immer noch Esthers Kinderbild. Isabel ließ es liegen. Es half ihr beim Bewältigen ihrer Aufgaben.

»Heute lebt man zwar in einem Rechtsstaat«, sagte sie zu sich selbst, »aber auch der beste Rechtsstaat vermag die Ausländerproblematik bis jetzt noch nicht befriedigend zu lösen. Und Einzelheiten kann der Staat sowieso nicht lösen. Einzelne müssen wiederum Einzelnen helfen und die Härten lindern, so gut es geht.«

Am Nachmittag klopfte eine fremde Dame an die hintere Terrassentür.

»Ich bin Ayhan Kemal«, stellte sie sich vor. »Ich verstehe kurdisch und ich sollte wegen unserer Petition nochmals mit den Asylanten sprechen.«

›Wird mir da gewiss auch keine Falle gestellt?‹, dachte Isabel heimlich und war betrübt über ihr inzwischen entstandenes Misstrauen gegen alle und alles. Solcher Argwohn war ihrem Wesen im Grunde völlig fremd. Aber Frau Kemal zeigte ihren Ausweis und wurde danach ins Zimmer gebeten.

Es waren erschütternde Geschichten, die während der vorsichtig geführten Befragung des Ehepaars Özkan zu Tage kamen. Frau Kemal schien viel Erfahrung mit dem Zustand von Gefolterten zu haben. Herr Özkan brachte seine Worte nur mühselig und in kurdischer Mundart heraus, er hatte wohl allzu viel mitgemacht. Frau Özkan berichtete zögernd und sehr stockend von ihren Misshandlungen, von tagelang zugebundenen Augen, von Schlägen bis zur Bewusstlosigkeit, von Stromstößen und Ohnmachten, aus denen sie mit einem Wasserstrahl wieder in die schreckliche Gegenwart zurückgebracht wurde. Sie verlor dabei, wie sie stammelnd hinzufügte, jedes Zeitgefühl. Als sie wieder aus dem Polizeigebäude hinausgestoßen wurde, fand sie kaum zu ihrer damaligen Behausung zurück. Ihre Angehörigen sagten, dass sie fünf Tage lang gefoltert worden sei. Warum, wusste sie nicht.

Nachdem Frau Kemal sich verabschiedet hatte, ging Isabel zur Küche und richtete bedrückt das Abendbrot für Eckart, der nun bald kommen musste. Was sollte nur werden, wenn sie sich schon jetzt am Ende ihrer Nervenkraft fühlte?
Dreimaliges, ungeduldiges Läuten kündigte kurze Zeit später Eckarts Eintreffen an. Er kam recht aufgeräumt zur Tür herein und folgte Isabel in die Küche. Es war ihm gelungen, zwei große Ingenieurbüros zu planen und die Einrichtung in Gang zu bringen. Unbefangen erzählte er von heiteren Erlebnissen während der Reise. Plötzlich strich er Isabel sanft übers Haar.
»Irgendetwas stimmt nicht mit dir, meine Liebe! Geht's dir nicht gut? Hast du Schmerzen?«
»Bitterliche Schmerzen, Eckart! Seelische Schmerzen! Friedhelm hat mir vier Kurden, denen Abschiebung droht, zum Verstecken ins Haus gelotst.«

Eckart wollte etwas entgegnen, brachte aber vor Schrecken kein Wort heraus. Er warf sich in den Sessel am Kamin.

»Seid ihr denn von allen guten Geistern verlassen? Und du hast sie aufgenommen? Wo sind sie denn? Weißt du nicht, dass man dafür bis zu einem Jahr Gefängnis bekommen kann? Unmöglich lässt sich in einem Ort wie dem unsrigen so etwas verbergen! Und auch noch Kurden! Das sind doch die Leute von der verbotenen PKK! Eine Verbrecherbande! Wie konnte Friedhelm uns das antun!« Er schlug sich die Hände vor die Stirn. »Willst du, dass wir Deutschen vollends ganz zu Grunde gehen? Wir werden überschwemmt von kulturlosen Ausländern! Und dazuhin auch noch Moslems, die uns eines Tages bekriegen und kaputtmachen werden! Wir sind doch Christen, oder nicht?«

Isabel holte tief Atem.

»Oder nicht . . .«, wiederholte sie mit fester Stimme, so dass Eckart unsicher aufblickte. Er erhob sich und ging zur Theke.

»Ich brauche jetzt einen Schnaps!«, rief er ganz gegen seine Gewohnheit. Da lag das Foto von Esther, er blickte es lange an. Es schien zu reden. Dann drehte er es um und sah das Bild von Anne Frank, biss sich auf die Lippen, vergaß seinen Schnaps und fuhr in verändertem Ton fort: »Nun also – wo sind sie, deine Asylanten?«

»Sie haben sich beim Klang der Hausglocke sofort versteckt. Aber ich bin froh, wenn ich sie rufen kann. So sehr angenehm ist das Verstecken nämlich nicht!«

Und sie schlichen herbei. Voller Angst und Scheu, auch die Kinder. Sie zitterten vor dem Hausherrn. Es war ein erschütternder Anblick. Vier heimatlose, besitzlose, sprachlose Geschöpfe mit körperlichen Schmerzen und seelischen Verwundungen.

»Das ist mein Mann«, sagte Isabel freundlich. »Ihr braucht keine Angst zu haben. Er wird uns helfen. Er wird gut zu euch sein. Ihr Buben, übersetzt das euren Eltern!«

»Isabel, du bist unwiderstehlich!«, rief Eckart wehmütig lächelnd. »Aber du hast Recht! Ich wäre nicht ich, wenn ich euch im Stich lassen würde! Und ich denke, alle gemeinsam werden wir schon fertig mit den Problemen.«
Sie zog seinen graublonden Schopf zu sich herab.

»Ich habe doch gewusst, dass du mich nicht allein lässt!«

»Und schließlich brauchen ja nicht alle Asylanten gleich Kriminelle zu sein!«, erwiderte er lachend. Sorgsam liebkosend strich er über das Foto. »Vielleicht dürfen wir auf unsere Weise etwas wegstreichen von der großen Schuld der Zeiten – frei nach Schiller übrigens!«
So ward aus Abend und Morgen der dritte Tag.
Isabel konnte es sich nicht verhehlen, dass bei aller Genügsamkeit ihrer neuen Mitbewohner die Sache recht anstrengend war. Hatte sie sich am Ende doch überschätzt? Sie wurde schreckhaft, witterte hinter jeder Bemerkung der Nachbarn oder in den Läden einen Verdacht. Von Tag zu Tag wurden die beiden Buben munterer, fingen an zu spielen, zu basteln, zu malen und auch deutsche Buchstaben zu schreiben. Flink wie Wiesel

huschten sie Isabels geliebter Angorakatze hinterher und zogen sie am Schwanz.

Nach acht Tagen machte eine der Nachbarinnen einen überraschenden Besuch. ›Sie erinnert mich an eine Elster, wie sie umherschaut‹, dachte Isabel.

»Oh, Sie haben Gäste?«, fragte die Nachbarin und deutete auf herumliegende Spielsachen. »Man sieht die Kinder aber gar nicht im Garten. Dabei ist so schönes Wetter!«

Isabel war das Lügen bereits gewohnt. Es war ihr auch klar, dass die sensationslüsterne, stets etwas neidische Frau nicht aus reiner Menschenliebe gekommen war.

»Ja, die beiden Buben haben sich den Magen verdorben, ich habe sie im Bett gelassen. Sie sind ja auch noch nicht lange hier.«

Die Nachbarin ließ nicht locker.

»Sie haben doch nur Schulkinder in der Verwandtschaft, die jetzt nicht in Ferien können. Woher sind die Kinder denn?«

»Aus Chemnitz, aus den neuen Bundesländern«, log Isabel. »Dort ist man im Augenblick noch nicht so streng. Die Kinder brauchten nötig eine Luftveränderung.«

»Wissen Sie übrigens, dass die neuen Veluxfenster auf ihrem Dachboden ganz fest verschlossen sind? Womöglich kleben sie zu, und bei diesem Wetter muss man den Dachboden sowieso ein wenig durchlüften.«

»Sie haben Recht, ich werde nachschauen!« Heimlich dachte Isabel: ›Ich hasse alle Nachbarn! Ja, so weit bin ich jetzt innerlich schon heruntergekommen.‹

Als die zweite Woche vorüber war, spürte Isabel, dass ihr das alles doch sehr zusetzte. Friedhelm hatte zwar zusammen mit anderen deutschen Staatsbürgern eine gut abgefasste Petition an den Deutschen Bundestag abgeschickt. Aber wie lange würde es dauern, bis Antwort kam? Und wie würde sie lauten?

Einige Tage später läutete am frühen Morgen, als das Ehepaar gerade aufstehen wollte, die Hausglocke.

»Anzunehmen, dass es die Polizei ist«, seufzte Eckart. »Ich werfe die Dachbodentreppe rasch zu und gehe dann ins Bad. Es ist besser, wenn du die Herren empfängst, ich muss sowieso bald aus dem Haus.«

Todesmutig vertrauend schritt Isabel nach wiederholtem Läuten in ihrem beeindruckend schönen Morgenmantel zur Haustür. Im Vorbeigehen zog sie den Schlüssel zur Weihnachtstruhe ab, in die flink der kleine Jakub hineingeschlüpft war.

›Auf zehn Lügen hin oder her kommt es nun auch nicht mehr an‹, dachte sie. ›Ich tue zwar nach dem Gesetz etwas Unrechtes, aber es geht um die Rettung von Menschenleben.‹

Unruhig erhob sich die Angorakatze aus ihrem Körbchen und sträubte die Haare.

Umständlich schloss Isabel die Haustür auf. Draußen standen zwei ortsbekannte Polizisten mit ihren Spürhunden. Sie erblasste. Die Hunde würden alles verraten. Der kleine Sevin hatte im Augenblick sein Versteck unter dem Altkleiderhaufen in der Wäschekammer, die Hunde würden ihn sofort aufstöbern.

»Um Himmels willen!«, stammelte sie. »Ist etwas passiert?«

»Nein, nein«, wehrten die Männer lächelnd ab. Sie müssen entschuldigen, Frau Müller!«, dass wir so früh auftauchen«, fuhr der Ältere fort. »Aber aus der Nachbarschaft erhielten wir Hinweise – nein, ich muss sagen, eine Anzeige – dass bei Ihnen Asylanten versteckt sein müssten. Womöglich wissen Sie gar nichts davon? Die Kerle sind nämlich findig, wenn es um ihr Leben geht. Es tut uns Leid, aber es ist unsere Pflicht, eine Hausdurchsuchung zu machen.«

»Asylanten?«, Isabel hatte sich wieder gefasst und wirkte sehr glaubwürdig. »Womöglich aus dem Kosovo? Solchen Dienst tun Sie gewiss nicht gern.«

»Da haben Sie Recht!«, erwiderten die Herren. »Und vollends bei Ihnen, wo man doch weiß, wie viel Gutes Sie tun!«

Isabel lächelte so holdselig, dass es auch die hartgesottensten Polizisten nicht hätten übersehen wollen.

»Aber was machen wir mit den Hunden?«, fuhr sie fort. »Ich habe eine sehr feinfühlige Angorakatze, die unüberwindliche Angst vor Hunden hat. Sie würde wochenlang verstört sein. Können wir die Hunde nicht draussen lassen?«

»Freilich können wir das«, erwiderten die Männer bereitwillig und banden die Tiere am Eingangsgeländer fest. »Es geht auch ohne Hunde.«

»Jetzt aber« – und Isabel machte eine einladende Handbewegung – »kommen Sie doch herein! Mein Mann ist noch im Bad, aber das wird Sie nicht stören!«

Die Beamten waren freundlich, aber auch sehr gründlich. Bei der Weihnachtstruhe blieb der Jüngere stehen. Er versuchte den Deckel zu heben. »Da könnte sich ja jemand drin verstecken!« meinte er.

Isabel lachte fröhlich. »Und ersticken! Sie machen mir ganz Angst! Es ist meine Weihnachtstruhe, sie bleibt das Jahr über verschlossen. Ich kann den Schlüssel holen, vorausgesetzt, dass ich ihn gleich finde!«

Der Polizist wehrte ab. »Nein, nein! So war es nun doch nicht gemeint!«

Im Keller wurde der Christbaumschmuck entdeckt. »Er gehört meinem Sohn«, behauptete Isabel, »er hat nicht genügend Platz in seiner kleinen Wohnung.«

Nachdem auch im Erdgeschoss alle Gegenstände von Kopf bis Fuß umgestülpt worden waren, meinte der Ältere lächelnd: »Man könnte meinen, wir seien von der Kriminalpolizei.«

»Ja, es wirkt in der Tat alles sehr kriminell und aufregend«, erwiderte Isabel. »Hoffentlich finden Sie nicht irgendwo eine Leiche. Dann käme ich in die Zeitung.«

Zuletzt wurde der noch nicht ganz fertig gestellte Dachboden untersucht. Friedhelm hatte alle Lichter entfernt und die herabziehbare Behelfstreppe sehr geschickt in die Decke drapiert, so dass nun, nachdem Eckart sie geschlossen hatte, im Dämmerlicht nichts zu entdecken war. »Das ist ja mehr als komisch, dass keine Leiter zum Dach führt«, sagte der jüngere Beamte.

»Es ist nicht statthaft, Frau Müller. Ans Dach muss man ran können. *So* dürfen Sie das nicht lassen!« Er nahm seine Taschenlampe und suchte Decke und Wände ab.

»Haben Sie denn nirgends Licht? Man sieht ja gar nichts!«

»Wir sind einfach noch nicht fertig mit Bauen hier oben«, erwiderte Isabel und sie hatte nicht Unrecht damit. »Es sind uns Geld und Geduld ausgegangen. Es ist ein Provisorium. Wir wissen noch nicht recht, wie wir den Dachboden ausbauen. Aber wenn Sie meinen, werden wir schleunigst eine Bodentreppe richten!«

Schließlich war die Hausdurchsuchung beendet, Garage und Holzplatz nachgesehen. Die Herren entschuldigten sich nochmals freundlich und zogen weiter. Eckart hatte sich nicht blicken lassen. Er war ohne Frühstück eilig aus dem Haus geflitzt. War er sich nicht sicher gewesen, ob er etwas anderes zusammengelogen hätte als Isabel? Sie hatten sich vorher ja nicht absprechen können. Schweißgebadet gab sie Entwarnung und stieg danach in die Dusche.

An diesem Abend erlitt Isabel einen kleinen Nervenzusammenbruch.

»Ich, als gute deutsche Staatsbürgerin war gezwungen, die redlichen Leute von der Polizei derart zu belügen! Wo bin ich denn hingeraten? Und wo stehen wir alle miteinander in unserem Vaterland? Gewissen steht gegen Gewissen! Ich kann nicht mehr!« Sie schluchzte fassungslos.

Eckart setzte sich zu ihr auf die Couch.

»*So* darf es nicht weitergehen. Meine tapfere, selbstlose Frau ist am Ende ihrer Kraft. Wir müssen nach einer brauchbaren Lösung suchen. Ich werde mir Gedanken machen.«

Am folgenden Tag nahm Eckart sich den kleinen Jakub vor, der am besten deutsch konnte.

»Frag mal deine Eltern, was sie tun würden, wenn sie wieder in die Türkei abgeschoben werden sollten.«

Der Vater blieb stumm. Die Mutter redete mühsam. Schließlich gab der kleine Dolmetscher Auskunft:

»Mutter kann sich nicht vorstellen, dass sie dort drüben leben können. Beide Eltern würden die kommenden Misshandlungen nicht überstehen, deshalb würden sie sich vorher das Leben nehmen.«

Kleiner Jakub! Wenn du bis zum Erwachsenenleben durchkommen solltest – welche Kindheitseindrücke wirst du einmal in dein Dasein mitnehmen? Isabel konnte nicht anders, sie zog den Buben fest an sich.

Am nächsten Tag trug Eckart dem evangelischen Ortsgeistlichen seine Bitte um Kirchenasyl vor. Der junge Pfarrer zeigte sich aufgeschlossen und verständnisvoll.

»Am liebsten würde ich die Familie selbst eine Zeit lang bei uns daheim aufnehmen«, erwiderte er. »Meiner Frau könnte ich das schon zutrauen. Aber in meinem lebhaften Haushalt mit halbwüchsigen Kindern ist es unmöglich. Und Kirchenasyl – ich muss erst meine Kirchengemeinderäte fragen. Und da sind einige Querköpfe drin, die mir vorwerfen werden, dass ich die staatliche Autorität untergrabe. Wir dürfen die Abneigung der Allgemeinheit gegen die Ausländer nicht unterschätzen, auch wenn viele Vorurteile dabei unterlaufen. Zunächst komme ich da nicht durch. Auf alle Fälle würde die Geschichte länger dauern, als gut wäre.«

Zur richtigen Zeit läutete in diesem Augenblick der katholische Geistliche an der Haustür, denn die beiden Herren wollten sich wegen eines ökumenischen Gottesdienstes miteinander absprechen. Aufmerksam ließ sich der Priester die ausweglosen Probleme vortragen.

»Wir können freilich nicht das gesamte Ausländer- und Asylantenproblem lösen«, erwiderte er nach längerem Nachdenken. »Es sind ihrer zu viele – und sie sind zu verschiedenartig. Und wie überall, gibt es dabei gute und unaufrichtige Leute. Aber im Einzelfall glaube ich schon, dass wir helfen müssen, wo ein paar Menschen unter die Räuber gefallen sind. Vor allem, wenn sie so am Weg liegen, wie es hier der Fall ist. Wissen Sie, was wir tun werden? Bringen Sie mir heute Abend nach Einbruch der Dunkelheit Ihre vier Schützlinge. In meinem Pfarrhaus sind sie, das glaube ich zu wissen, zunächst ausreichend geschützt. Sodann gibt es an unserer Grenze zu Bayern ein altes Kloster, wo solche Menschen Unterkunft finden, bis die Petition durchgekommen ist. Die verantwortlichen Instanzen scheinen ein Auge zuzudrücken, denn wir hatten da noch nie Kontrollen. Ich werde alles in die Wege leiten.«
Isabel war wie erlöst, als Eckart ihr das Ergebnis seiner Erkundungen mitteilte. Zügig machten sich die Kurden zur Umquartierung fertig. Unauffällig erfolgte der Auszug.

An diesem Abend schlief Isabel schon während der ersten Fernsehnachrichten ganz tief ein. Als ihr Mann sie endlich weckte, murmelte sie schlaftrunken:

»Du glaubst gar nicht, wie ich inzwischen doch an meinen Asylanten hänge! Sie waren so geduldig, und die zutraulichen, hilfsbereiten Kinder sind mir richtig ans Herz gewachsen! Unter welch schwierigen Bedingungen müssen sie groß werden!«

Nun wäre eigentlich die Geschichte des Verstecks zu Ende. Aber weil auch für die Familie Özkan die Odyssee gut ausging, will ich den Schluss noch berichten.

Nachdem die Petition um eine Aufenthaltsverlängerung erfolgreich alle Stellen durchlaufen hatte, wurde die Familie in eine ländliche Gegend nach Bayern verpflanzt, wo sie sich sehr wohl fühlt. Ich habe Isabel vor nicht allzu langer Zeit besucht, denn wir sind miteinander bekannt. Beglückt zeigte sie mir einen wunderbar bemalten Bilderbrief von Sevin und Jakub.

»Liebe Oma, lieber Opa«, schrieben sie. Ihre Schreibfehler waren herrlich. »Es geht uns gut. Ihr habt uns das Leben gerettet. Wir dürfen bis auf weiteres in Deutschland bleiben. Wir vergessen euch nie. Es war so schön bei euch. Wir gehen hier in die Schule. Die Schulkameraden helfen uns. Der Lehrer ist ein guter Mann. Wenn Ferien sind, kommen wir zu euch. Darauf freuen wir uns. Wir brauchen dann nicht mehr in die Truhe. Es hat euch lieb euer Sevin und euer Jakub.«

Isabel legte den Brief wieder zusammen, wie man ein kostbares Dokument faltet.

»Kein Mensch weiß, wie sehr ich an den Kindern hänge«, sagte sie. Dann nahm sie unsere leeren Kaffeetassen vom Tisch, ging an der Theke vorbei und rückte das vom

Abstauben verschobene Foto der beiden kleinen Mädchen zurecht. Es hing nun wieder fest an der Wand. Als
einen Augenblick lang die Sonne durchs Fenster fiel,
erreichte ein Strahl das alte Bild, und es war, als würden
Esthers große, ernste Augen der tapferen Isabel freundlich und wissend zunicken.

Die Weihnachtslampe
Eine Adventsgeschichte

Vergnügt wanderte Michael von der Schule nach Hause.
Nun waren es nur noch zehn Tage bis Weihnachten, darüber freute er sich. Aber noch etwas anderes machte ihn
glücklich. Sein heiß geliebter Lehrer hatte sich fast eine
Stunde Zeit genommen, um mit ihm zusammen seine
selbst gebastelte Weihnachtslampe vollends fertig zu
machen. »Es ist eine prächtige Leistung für einen Zehn-
jährigen!«, hatte der Lehrer gesagt. Unterwegs musste
Michael immer einmal stehen bleiben, um sein Kunst-
werk zu betrachten. Die Lampe war aus kräftigem dunk-
lem Tonpapier gearbeitet, und auf den vier Seiten zeigten
sich scherenschnittartig die Figuren der Weihnachtsge-
schichte: zuerst Maria und Josef mit dem Kind, dann die
Hirten, auf der dritten Seite die Könige und zuletzt die
Hirten mit den Schafen. Michael war sehr stolz, dass
jeder seiner Mitschüler sie sofort als Schafe erkannt hatte. Beim Bekleben der bunten Transparentpapiere hatte
der Lehrer mitgeholfen. Jetzt war die Lampe vollendet
schön.
Das Allerfeinste aber hatte noch niemand gesehen, das
hatte Michael sich erst nachträglich ausgedacht. Es war
eine Batterie mit einer kleinen Glühbirne, welche die

Laterne beim Anknipsen in herrlichster Farbenpracht erstrahlen ließ. Für seinen Plan wäre eine Kerze zu gefährlich gewesen. Er hatte nämlich etwas ganz Besonderes mit ihr vor.

Gerade als er voll Seligkeit sein Birnlein von neuem anknipste, wurde er von einem kräftigen, Rollschuh fahrenden Jungen so heftig von hinten gestoßen, dass er samt seiner Lampe rückwärts zu Boden stürzte. Hohnlachend fuhr der große Junge über Batterie, Birne und Lampe und wollte diese gerade mit Schwung an sich reißen, als er plötzlich von einer energischen Männerhand eisern festgehalten wurde.

»Schäm dich!«, brüllte der Mann. »Einen Schwächeren umhauen!« Michael begann sich aufzurappeln, er hatte sich nicht verletzt.

»Das ist der Achmed von der siebten Klasse!«, schrie er. »Das ist ein ganz Böser!« Vor Empörung hatte er keine Zeit zum Weinen gefunden.

Achmed streckte beiden die Zunge heraus und wollte sich losmachen. Aber der Griff ums Handgelenk blieb fest.

»Ich erwarte von dir, dass du dich bis heute Abend bei uns beiden entschuldigst!«, fuhr der Mann drohend fort. »Dort drüben wohne ich, du weißt es. Und jetzt – verschwinde!«

Michael war mühsam aufgestanden und begann zu schluchzen.

»Guten Tag, Herr Dr. Schütze!«, stammelte er. »Und besten Dank auch!«

Alle Kinder in der Straße kannten Herrn Dr. Schütze. Er bewohnte das stattliche weiße Haus in dem großen alten

Park am Ende der Straße. Er war frisch im Ruhestand, ging regelmäßig spazieren und hatte stets etwas Gutes in der Tasche für Kinder, die höflich »guten Tag« sagten. Da das nicht allzu viele waren, reichte sein Taschenvorrat immer. So auch jetzt.

»Zuerst einen Trostpreis! Wie heißt du denn?« Er steckte dem Kleinen eine Leckerei in den Mund. Dann besah er sich die Lampe.

»Das war ja ein mächtiges Stück Arbeit! Der Schaden ist aber nicht so schlimm, wie ich zuerst meinte. Die Batterie war zu hoch für die Rollschuhe. Komm, wir gehen dort drüben ins Elektrogeschäft und kaufen dir eine neue.«

»Warum, warum hat er das getan?«, jammerte Michael. »Ich hatte doch gar nichts mit ihm! Ach, ich bin so oft der Dumme!«

Im Elektrogeschäft kaufte Dr. Schütze eine viel größere Batterie und eine schönere Glühbirne, als Michael sie sich je hätte leisten können. Die Verkäuferin nahm sich Zeit, glättete mit einem Bügeleisen die zerknitterte Laterne und klebte eine losgegangene Ecke des Transparentpapiers fest. Mit der neuen Beleuchtung wirkte die Lampe noch schöner.

»Ich bringe dich nach Hause«, sagte Dr. Schütze. »Du musst keine Angst mehr haben. Wir sind jetzt Freunde.«

Michael atmete erleichtert auf, denn der Schrecken steckte ihm noch in den Gliedern.

»Ich wohne nicht weit von hier, dort hinten in dem großen Wohnblock, im dritten Stock«, erwiderte er.

»Hast du die Lampe für deine Mutter gemacht?«

»Nein, für meine Oma. Sie wohnt bei uns und versorgt mich, weil meine Mutter allein erziehend ist und verdienen muss. Und seit gestern ist meine Oma im Krankenhaus.«

»Was fehlt ihr denn?«

»Wir wissen es nicht. Ganz plötzlich bekam sie mitten in der Nacht Leibschmerzen, und das Sanitätsauto nahm sie mit.« Zutraulich fasste er Dr. Schützes Hand.

»Meine Mami kann heute nicht ins Krankenhaus. Sie ist Teilhaberin in einem Friseurgeschäft, da gibt es jetzt gerade so viel Arbeit. Wir haben besprochen, dass ich die Oma besuchen könnte. Ich bin noch nie in einem Krankenhaus gewesen, aber im Fernsehen habe ich schon so was Ähnliches mitgekriegt. Ich glaube, dass ich das kann. Ich weiß, wo der Bus abfährt. Und wenn die Omi meine Lampe sieht, wird sie schnell wieder gesund.«

»Das glaube ich bestimmt, Michael. Es ist eine wunderschöne Lampe. Bist du übrigens der einzige Mann in der Familie?«

»Jawohl. Vati ist in Amerika. Ich kenne ihn nicht, und die Mami erzählt kaum etwas von ihm. – Aber jetzt habe ich Schulden bei Ihnen wegen der Batterie.«

»Lass gut sein, Junge. Denk jetzt, ich wäre dein Großvater.« Treuherzig blickte der kleine Bursche empor.

»Da habe ich aber Glück.« Die beiden waren inzwischen beim Wohnblock angekommen.

»Steck deine Lampe in eine Tüte, ehe du ins Krankenhaus fährst«, mahnte Dr. Schütze. »Wirst du heute Abend ganz gewiss bei mir vorbeikommen? Ich muss doch wissen, wie es dir ergangen ist!«

»Aber sicher, Herr Dr. Schütze! Und nochmals besten Dank – für alles! Sie sind so ein guter Freund, wie der Achmed jetzt mein Feind ist!«

Dr. Schütze lachte.

»Dann gleicht es sich ja wieder aus.« Im Weitergehen fühlte er immer noch die warme Bubenhand in der seinen und sah Michaels strahlende Augen vor sich. Es hatte wohl so sein sollen. Bei diesem Buben lohnte sich die Mühe, er war unverdorben, sorgfältig erzogen und vielleicht tatsächlich, wie er selbst gesagt hatte, in seiner Gutherzigkeit manchmal der Dumme. Er konnte wohl eine Art Opa brauchen.

Michael fand sein Telleressen in der Mikrowelle und Mutters Zettel auf dem Küchentisch. »Der Bus geht um zwei Uhr. Geld findest du in der Kommode. Die Omi liegt in Zimmer 404 oder 405. Klopf schön an!«

Das Krankenhaus lag frei inmitten von viel Wiesengrün zwischen winterkahlen Sträuchern.

»Es ist schön hier«, sagte Michael zum Busfahrer, als er ausstieg.

»Gib auf deine Rückfahrkarte Acht«, entgegnete dieser. »Der letzte Bus fährt um fünf Uhr ab. Kennst du die Uhr? Gut, dann sei pünktlich.«

An der Pforte nahm Michael seine Laterne aus der Tüte, zeigte sie stolz der Sekretärin am Empfang und ließ sich von ihr den Weg zum Aufzug und zum vierten Stock erklären.

Mit Herzklopfen wartete er bei angezündeter Lampe vor Zimmer 404 auf das »Herein«. Wie würde die Oma über seinen Besuch staunen! Sie nahm ihn nämlich oft für kleiner als er wirklich war. Vielleicht kam es auch daher, weil sie ihn so sehr lieb hatte und noch etwas Kleines verwöhnen wollte.

Beim Eintreten erblickte er aber nur drei fremde Frauengesichter, die neugierig aus ihren Betten schauten.

Enttäuscht blickte er sich um.

»Ich möchte meine Oma besuchen. Bin ich falsch?«

»Wie heißt denn deine Oma?«, fragte eine junge Frau im Bett am Fenster.

»Elisabeth Borg. Ist sie nicht hier?«

»Wir wissen nichts von ihr. Aber komm – zeig uns deine feine Lampe. Jetzt merken wir erstmals, dass bald Weihnachten wird.«

Plötzlich bekam die Frau Tränen in die Augen.

»Ich hab auch Kinder zu Hause. Und jetzt krieg ich Heimweh. Ich wurde an den Venen operiert, aber die schmerzensreiche Zeit hier wird mir so lang.«

»Das tut mir Leid«, sagte Michael bekümmert. Er fühlte sich schuldig an den Tränen der Frau. Darum hielt er seine Lampe nahe über sie, so dass sie auf einmal ein wunderschönes Gesicht bekam von dem zarten Licht und aussah, wie die Jesusmutter Maria auf alten Bildern.

Dann fragte er gewissenhaft auch die beiden anderen Frauen nach ihrer Krankheit. Die zweite hatte es auf dem Herzen und die dritte im Magen.

»Büble, sei dankbar, dass du gesund bist«, sagten sie alle drei. Daran hatte er bisher noch nie gedacht. Er nickte und verabschiedete sich dann sehr freundlich.

Auf das »Herein« in Zimmer 405 trat er ein und trug seine Lampe vor sich her. Aber statt Omas vertrauter Stimme hörte er nur das Husten eines älteren Mannes im Bett, und neben ihm im Lehnstuhl saß eine feine Dame, die wunderbar duftete.

»Da bin ich wieder falsch!«, seufzte er. »Ich möchte meine Oma besuchen. Aber ich finde sie nicht.«

Die Dame erhob sich; zusammen mit ihrem Mann bewunderte sie die Lampe. Dann sagte sie:

»Dir muss man helfen, kleiner Mann, sonst findest du heute deine Oma in dem großen Haus nicht mehr. Wir wollen nach einer Schwester oder nach einem Arzt suchen.«

Mit zierlichen Lackschuhen ging sie voran, auf den Gang hinaus. Es brauchte seine Zeit, bis sich eine Schwester fand, die Bescheid wusste.

»Jawohl. Frau Borg war in Zimmer 405. Aber inzwischen musste sie dringend operiert werden. Wir haben bei ihr zu Hause angerufen, es meldete sich niemand. Sie liegt jetzt auf der Intensivstation. Kinder dürfen da aber nicht rein.«

»Operiert?«, fragte Michael erschrocken. »An den Venen?«

»Nein! Wie kommst du darauf? Am Blinddarm! Morgen darfst du sie gewiss besuchen, dann ist sie wieder auf Station! Ich muss weiter! Sieh, dort drüben sitzt eine alte Frau im Rollstuhl, der solltest du deine Lampe zeigen.«

Michael bedankte sich bei der wunderbar duftenden Dame und schlich ein wenig traurig über die besorgniserregende Auskunft der Schwester zu der Frau im Rollstuhl.

»Wie schön, dass mich jemand besucht und mir ein Weihnachtslicht bringt!«, sagte diese. »Weißt du, ich habe Zucker, und der Arzt hat mir an beiden Füßen die Zehen abgeschnitten. Jetzt mag ich gar nicht mehr weiterleben, aber ich muss. – Auf die Intensivstation willst du? Die ist ganz unten im Haus. Ich bin nicht sicher, ob man dich reinlässt, aber zusammen mit deiner lieblichen Lampe hast du vielleicht Glück!«

Michael musste aufmerksam und lange suchen, bis er die Intensivstation gefunden hatte. Er wusste inzwischen gar nicht mehr, an wie vielen kranken Menschen er vorbeigekommen war. Jetzt öffnete er vorsichtig die Tür und geriet in einen schmalen Raum, der wie ein Gang aussah. In der Ecke hinter einem hellgrünen Vorhang hingen weiße Überhemden. Es war niemand da. Er entzündete seine Laterne, wagte sich aber keinen Schritt nach vorne. Fremdartiger Geruch verwirrte und ängstigte ihn. Die Großmutter hatte vermutlich recht: er war doch noch ziemlich klein und unwissend, und er kam sich auch immer ein wenig anders vor als andere Kinder.

Ein Mann war hereingekommen und stieß ihn an. »Du gehörst bestimmt nicht hierher, Kleiner!«. Dann sah er die Laterne. »Vielleicht aber doch!«, flüsterte er dann und holte zwei Überkleider, eine Mütze und weiße Stoffschuhe aus der Nische. Der Kittel war viel zu lang für Michael, aber der Mann drapierte ihn geschickt hoch, zog ihm die Schuhe über und schob ihn leise vorwärts. »Jetzt siehst du aus wie ein Engel!«, sagte er, »jetzt tun sie dir bestimmt nichts!«

Eine Schwester huschte über den Gang. Verwundert blieb sie stehen.

»Was ist denn das?«

»Ich möchte zu meiner Oma, Frau Elisabeth Borg.«

»Ach ja, die Nummer sieben mit dem Blinddarm. Du darfst nicht rein!«

»Meine Oma braucht mich aber! Dann wird sie schneller gesund!«

Die Schwester lächelte und sah Michael liebevoll an.

»Da könntest du sogar Recht haben! Frau Borg ist übrigens schon wieder ganz munter, die Operation ging gut. Du kannst an der offenen Tür stehen bleiben, deine Oma liegt gleich im Bett hier vorne. Weiter rein darf ich dich nicht lassen.«

»Ach, mein Kleiner!« Omas schwache Stimme klang glücklich. Sie hatte ein Schläuchlein in der Nase und einen Tropf am Arm. Michael brachte kein Wort heraus vor lauter Freude. Er streckte seine Lampe so weit wie möglich nach vorne und die Großmutter konnte kaum glauben, dass er so etwas Schönes selbst gemacht hatte. Die Schwester dämpfte für einen Augenblick das harte Neonlicht, so dass die Lampe farbenprächtig aufleuchtete.

»Hast du Schmerzen, Oma?«, fragte er schüchtern.

»Es geht«, sagte sie. »Auf Weihnachten werde ich bestimmt entlassen.« Dann winkte sie von ihrem Bett aus zu ihm herüber, und Michael winkte zurück. Die Schwester schob ihn sanft wieder in den Gang.

Er befreite sich von seinen Überkleidern und suchte nach dem Ausgang. In der Vorhalle stand ihm vor Schreck fast der Atem still: die große Uhr über dem Eingang zeigte bereits sieben Minuten nach fünf. Nun war der Bus weg! Verzweifelt rannte er mit seiner brennenden Laterne in Richtung Haltestelle.

»Er ist fort! Er ist fort!«, jammerte er. Die Vorübergehenden sahen ihm mitleidig nach.

»Wer ist fort?«, fragte ein junger Mann teilnahmsvoll.

»Der Bus! Ich kann nicht mehr heim!«

»Aber nein! Dort fährt er doch – jetzt gerade auf dich zu.«

Schon von weitem sah Michael einen warnenden Zeigefinger hinter der Frontscheibe. Der Bus hielt genau vor ihm.

»Deine Lampe hat dich gerettet!«, murrte der Fahrer. »Jetzt wäre ich losgefahren, ohne dich zu erkennen! Wir haben auf dich gewartet, du hattest ja eine Rückfahrkarte.« Er war schon nicht mehr grimmig, und überglücklich setzte sich Michael auf einen freien Platz. In der rasch einbrechenden Dunkelheit ließ er seine Lampe leuchten, und die Leute waren auch nicht ungehalten darüber, dass er zu spät dahergestolpert war. Es schien ihm, als würde das stille Licht sie freundlicher stimmen.

In seiner Straße angekommen, sah er die erleuchteten Fenster von Dr. Schützes Haus durch die dunklen Bäume schimmern. Er meldete sich durch die Sprechanlage, und Dr. Schütze stand an der Haustreppe, als er den Kiesweg entlangkam. Frau Schütze hatte ein gutes Abendbrot gerichtet. Und während Michael zwischen dem Ehepaar am Tisch saß und seine Erlebnisse schilderte, war ihm so behaglich zu Mute, als wäre er bei richtigen Großeltern zu Hause.

»Denk dir, Achmed war da und hat sich entschuldigt!«, berichtete Herr Dr. Schütze. »Er kam mit seiner Mutter, einer frommen, sanften Türkin mit einem feinen Gesicht unter ihrem Kopftuch. Sie sagte, er sei aufgehetzt worden gegen das christliche Weihnachten. Aber es tut ihm sehr Leid, und er versprach mir in die Hand, nie mehr etwas Derartiges zu machen. Zum Fest will er dir seine fast neuen Rollschuhe schenken, die ihm zu klein geworden sind. Nun musst du wirklich versuchen, ihm zu verzeihen!«

»Das bring ich nicht fertig! Ich glaub ihm kein Wort!«

»Und wenn *ich* es mir wünsche, Michael? Sonst wird es nicht heller auf der Welt. Sieh, du hast heute so vielen Menschen dein Licht bringen dürfen. Sie haben sich gefreut und waren gut zu dir. Nun lass es halt auch ein bisschen in diese dunkle Stelle deines Herzens hineinleuchten.«

Verschmitzt blickte Michael empor.

»Sie sind aber fromm! Nein, so schnell schmilzt meine Wut nicht.«

»Du wärest jetzt gar nicht hier ohne den Achmed!«, erwiderte Herr Dr. Schütze. »Und es gefällt dir doch bei uns, nicht wahr?«

»Ja, sehr!« Behutsam sah sich der kleine Junge in dem gepflegten Zimmer um. Auf dem Klavier stand in einem schmalen silbernen Rahmen das Foto eines jungen Mannes. Michael wusste, dass es den einzigen Sohn des Ehepaars Schütze zeigte. Dieser war vor nicht allzu langer

Zeit bei einem Schiffsunglück ums Leben gekommen, als er einen Ertrinkenden retten wollte. Die Zeitungen hatten darüber berichtet.

Inzwischen hatte Frau Schütze das elektrische Licht gelöscht und den Adventskranz angezündet. Dann begann sie leise, auf dem Klavier ein paar Weihnachtslieder zu spielen. Das Kerzenlicht tanzte mit den Schatten an der Zimmerdecke.

In der besinnlichen Stille wurde Michael sehr nachdenklich. Schließlich fragte er leise:

»Herr Dr. Schütze, woher kommt eigentlich *das Licht?*«

»Das ist eine richtige tiefe Kinderfrage«, antwortete Herr Dr. Schütze lächelnd. »Deshalb will ich dich auch nicht mit dem Urknall abspeisen. Das Licht, Michael, das Licht, ohne das wir nicht leben könnten – es kommt von Gott.«

»Ich dachte es mir.« Der Junge schaute zur Zimmerdecke empor. »Aber die Schatten, die Finsternis – kommen sie auch von Gott?«

Zärtlich strich der väterliche Mann dem Buben übers Haar.

»Wir Erwachsenen wissen auch nicht alles so genau, wie wir es haben möchten, Michael. Wir müssen annehmen, dass es so ist. Denn Licht und Finsternis hängen auf eine solch geheimnisvolle Weise zusammen, dass man sie kaum voneinander trennen kann. Vielleicht müssen wir lernen, das Dunkle, ja, sogar das Böse, bei uns selbst und bei anderen tapferer sehen zu wollen. Dabei geschieht es immer wieder, dass aus dem Finsteren, Schlimmen etwas Heilsames erwächst. Deshalb bat ich dich, dem Achmed zu vergeben. Vielleicht kann so an der kleinen Stelle, an der wir stehen, das Böse heil werden und das Licht über die Finsternis siegen. Auch ein schwaches Licht kann viel Dunkelheit vertreiben. Mehr und Besseres weiß ich dir nicht zu antworten, Michael.«

Er wandte sich an Frau Schütze.

»Oder was meinst du, Mutter?«

»Ich denke«, erwiderte sie, »dass gerade das Kind von Bethlehem die Last des Bösen und Schweren auf dieser Erde mitgetragen hat wie niemand sonst.«

Eine lange Pause entstand.

»Es ist eben *so*«, fuhr Michael schließlich fort. »Ich bin heute ganz durcheinander gekommen mit allem. Ich muss so viel nachdenken. Zuerst der Schreck mit der Oma. Und ich hab auch ein bisschen Angst, weil ich jetzt tagsüber immer allein sein muss. Und dann das mit dem Achmed. Und dann im Krankenhaus – die vielen Leute mit ihren Schmerzen. Und die zuckerkranke Frau, die nicht mehr leben wollte. Und dann das Pech mit dem Bus, den ich fast nicht mehr gekriegt hätte.«

»Ja, das war freilich ein wenig viel. Deshalb tut es gut, dass du gleich hierher kamst. So lange deine Oma im Krankenhaus liegt, kannst du immer kommen, wenn du dich verlassen fühlst. Und ich weiß sehr gut, wie das ist, wenn man manchmal ein wenig durcheinander kommt. Auch ich komme hin und wieder gründlich durcheinander mit meinem Glauben und mit meinem Leben.« Er blickte zum Foto auf dem Klavier hinüber. »Aber ich erfahre dabei auch, dass man sich tiefer nach dem Licht sehnt, wenn es dunkel ist. Vielleicht brauchen wir die

Dunkelheiten unseres Lebens, sie sind wohl wichtiger, als wir ahnen.« Er seufzte: »Ja die Dunkelheiten und Schmerzen haben auch ihre Tiefe und ihre Wahrheit. Aber das verstehst du noch nicht.«

»Ein bisschen schon!«, entgegnete Michael. »Ich kann mir jetzt vorstellen, dass ich dem Achmed verzeihen kann, wenn noch ein wenig Zeit vergangen ist. Das hätte ich selbst nicht geglaubt.«

Dann rutschte er vom Stuhl.

»Darf ich nun nach Hause? Ich will daheim sein, wenn meine Mami kommt. Heute wird es spät bei ihr, bis im Geschäft alles aufgeräumt ist. Und sicher ist sie furchtbar müde. Da braucht sie mich und meine Lampe.«

Herr Dr. Schütze begleitete seinen kleinen Gast noch bis vor den Wohnblock.

»Lass deine Lampe fröhlich brennen, Michael«, sagte er. »Licht will und soll leuchten. Und wenn die Batterie verbraucht ist, dann kommst du, und wir kaufen eine neue.«

Er sah dem wandelnden Lichtschimmer nach, bis er hinter der Haustür des Wohnblocks entschwunden war.

»Mein kleiner Lichtträger«, sagte er vor sich hin, »niemand weiß, was deiner Generation im jetzt begonnenen Jahrhundert an Dunkelheiten bevorsteht. Vielleicht aber hat dich heute eine Ahnung des unvergänglichen Lichtes gestreift, das mit Weihnachten in unsere umdunkelte Welt kam. Ein Licht, das keine unreifen Buben zertreten können und das auch dann nicht erlöscht, wenn alle Batterien dieser vergänglichen Welt aufgebraucht sind.«

Dann ging er langsam die Straße zurück, auf der er am Vormittag seinem kleinen Freund begegnet war. Am nächtlichen Winterhimmel strahlten die Sterne. Und er spürte, dass es ein guter Tag gewesen war, auch für ihn selbst. Durch seine einfache Hilfe war so viel warmes Licht in die Schatten seiner Seele gedrungen.

Als er durch den nachtschwarzen Garten auf sein Haus zuschritt, lag das Licht des Wohnzimmerfensters über dem schmalen Weg. Er hörte seine Frau auf dem Klavier den alten Weihnachtsvers spielen, von dem er spürte, dass der jetzt ganz besonders gut passte:

»Das ewig Licht geht da herein
und gibt der Welt einen neuen Schein.
Es leuchtet mitten in der Nacht
und uns des Lichtes Kinder macht.«

Das Albumblatt
Eine Erinnerung aus ernster Zeit

Kürzlich räumte meine junge Enkelin ein zerschlissenes Notenblatt aus meiner Kommode. »Ludwig van Beethoven«, buchstabierte sie, »Albumblatt an Elise«.

»Oh, wie romantisch, Oma«, rief sie. »Das ist etwas für mich!« Mit wippendem Pferdeschwanz setzte sie sich ans Klavier und begann zu spielen, just an denselben Stellen stolpernd wie einst auch ich, um damit wieder einmal unzweifelhaft den Kreislauf allen Lebens zu bestätigen.

Welch geheimnisvolle Macht wohnt doch in solch altvertrauten Melodien! Die bekannte Musik verwandelte mein Zimmer in die große Wohnstube meiner eigenen Jugend. Eltern und Geschwister waren um mich, die Sonne schien durchs Blumenfenster, und mitten in dieser warmen Geborgenheit saß ich am Klavier, damals noch mit dicken Zöpfen, und spielte das »Albumblatt an Elise«.

Mein inneres Bild wuchs weiter und zeigte mir die heimatliche Stube einige Jahre später. Diese Erinnerung liegt nun mehr als ein halbes Jahrhundert zurück, aber mir ist, als sei es gestern gewesen.

Frühjahr 1945, letzte Kriegswochen. Die siegreiche amerikanische Armee hatte bereits unseren Einzelhof im Hohenloher Land überrollt. Wir – das waren außer meinem Vater, unsere Mitarbeiter und ausgebombte Verwandte – wir also waren einige Wochen lang an die Luft gesetzt und ausgeplündert worden. Danach durften wir, noch ohne Wasser und Strom, in unser verwüstetes Anwesen zurückkehren.

Gespannt öffnete ich die Wohnzimmertür. Wie würde es dahinter aussehen? Vorhänge und Bilder waren abgerissen, Glasscherben und Schallplatten lagen auf dem schmutzigen Boden. Die Fotos meiner vier Soldatenbrüder und meiner verstorbenen Mutter klebten in Fetzen unter dem umgestülpten Papierkorb, der als Toilette benützt worden war.

Während ich mit wehem Herzen die einzelnen Stücke zusammensuchte, trat ich auf eine zerbrochene Schallplatte aus dem Bachschen Weihnachtsoratorium: »Jauchzet, frohlocket, auf, preiset die Tage!«

Das war zu viel unfreiwillige Komik! Ich musste herzlich lachen, öffnete das verstaubte Fenster hinter den vertrockneten Blumen. Wir waren alle am Leben geblieben und hatten nun wieder unser Dach über dem Kopf! Wir würden es schon schaffen!

Während ich tapfer weiter aufräumte, fiel mir das aus der Schublade gerissene Notenblatt an Elise in die Hände. Vielleicht waren die Klaviersaiten nicht durchgeschnitten? Ich erprobte sie an einem Kanon: »Himmel und Erde müssen vergehn, aber die Musici bleibet bestehen«! Denn es hatte sich für uns in jenen Wochen tatsächlich eine Art Weltuntergang ereignet. Aber die Musik und Beethoven hatten überlebt. Und schon wanderten meine Finger mit »Elises Albumblatt« über die Tasten. Draußen blühte der Frühling – vielleicht war es der schönste Frühling des Jahrhunderts – ich war jung, das Klavier unbeschädigt.

Die selige Minute sollte nicht lange dauern. Vom Hofraum herauf drang wildes Geschrei. Das waren unsere zwölf russischen Kriegsgefangenen, die uns einige Jahre lang als Arbeitskolonne gedient hatten. Es war ihnen seither gut gegangen. Aber jetzt, nach der amerikanischen Befreiung, ging es ihnen noch besser. Sie lebten von Schnaps und stibitzten Schweinchen, holten sich hübsche Polinnen aus der Umgebung, knallten mit amerikanischen Waffen durch die Gegend und feierten gröhlend rund um die Uhr. Die Spuren ihrer verdorbenen Mägen in Hof und Garten waren nicht zu übersehen.

Ich lief ans Fenster. Mit Messern in der Hand torkelten sie auf unser Haus zu. Wollten sie ihre Drohung, uns umzubringen, wirklich wahr machen? In kurzer Zeit brachen sie unsere gut verrammelten Haustüren auf und polterten in die oberen Stockwerke. Wer im Haus war, flüchtete auf den Dachboden, um von dort aus mittels einer Leiter ins Freie zu gelangen. Einige sprangen in ihrer Herzensangst einfach aus dem Fenster und landeten sanft in den darunterliegenden frisch gerichteten Mistbeeten.

Wir waren wahrhaftig in einer lebensbedrohlichen Lage, denn die Russen hatten Waffen, von denen sie unberechenbaren Gebrauch machten. Auch brach jetzt der

Abend herein, die Sonne ging unter. Welch eine Nacht würde uns bevorstehen!

Werden Stoßgebete erhört? Eine vorüberfahrende Militäreinheit schwenkte in den Hof ein. Von unseren notdürftigen Verstecken aus beobachteten wir, wie die Russen mit kurzen, scharfen Befehlen in ihre Wohnung zurückgepfiffen wurden. Als wir uns wieder in den Hofraum wagten, erfassten wir mit Schrecken, dass die Ankömmlinge Franzosen waren. Über sie, vor allem über die marokkanischen Truppen, gingen grausame Gerüchte um, so dass einem jungen Mädchen wie mir die Angst in alle Glieder fuhr.

Es war beiderseits verboten, mit dem Feind zu sprechen. Der Dolmetscher erklärte, die Einheit habe ihre Route verfehlt und werde diese Nacht hier bleiben.

Ich war verantwortlich für die Unterbringung der Militärs. Einquartierung! Das bedeutete erneute Ausweisung, Plünderung des heimlich Geretteten, wenn nicht noch Schlimmeres. Alles ging wieder von vorne los. Obwohl wir den Franzosen im Grunde dankbar sein mussten, überfiel mich eine tiefe, hoffnungslose Erschöpfung, die mir heute noch ganz gegenwärtig ist.

Zu meiner Verwunderung aber verlangte der Dolmetscher nur zwei Zimmer für die beiden Offiziere, die Mannschaft werde im Heu schlafen. Man brauche Verpflegung. Nein, plündern werde man gewiss nicht.

Wir fielen von einem Erstaunen ins andere. Die Mannschaft benahm sich tadellos, ja, sie bedankte sich sogar für das Essen. Die beiden Offiziere zogen sich früh zurück, und abgesehen vom Brüllen der milchfiebrigen

Kühe, die wir nicht ordnungsgemäß hatten melken können, lag in dieser Nacht der Hof so still im Mondlicht
wie einst in Friedenszeiten.

Am nächsten Morgen hatte ich auf Anweisung des Dol-
metschers für die Offiziere ein Frühstück im Wohnzimmer zu richten. Ich tat es gerne, denn ich war glücklich,
dass bis jetzt alles so gut abgelaufen war. Ja, ich holte
sogar frische Narzissen vom Garten auf den Tisch, um
mit ihrem Duft den noch in allen Ecken haftenden
Zigarettengestank zu mildern.

Kurz darauf betrat ein junger, hochgewachsener Offizier
das Zimmer. Sein Gesicht wirkte sehr ernst.

Plötzlich fand ich das Sprechverbot kindisch.

»Avez-vous bien dormi, monsieur?«

»Wir können deutsch reden«, erwiderte er. »Meine Mutter ist Elsässerin.«

Sofort entdeckte er am Klavier das vom Vorabend aufge-
schlagene »Albumblatt an Elise«.

»Oh, Beethoven? Meine Schwester hat das Stück auch
gerne gespielt.« Er nahm seinen Stuhl. »Der zweite Offizier wird nicht kommen, er bleibt bei der Mannschaft.
Sie haben gewiss noch nicht gefrühstückt. Wollen Sie
mir nicht Gesellschaft leisten?«

Es war das Letzte, was ich wollte. Als junges Mädchen
erlebte man sich in jener Zeit wie ein gejagtes Freiwild,
über das der Feind beliebig verfügen konnte. Aber durfte
man einem Offizier der siegreichen »grande nation« eine
Bitte abschlagen?

Vorsichtig setzte ich mich ihm gegenüber.

»Bitte, Monsieur, greifen Sie zu!«

106

Er neigte sich leicht nach vorn:

»Nach Ihnen!«

Zwei Worte nur! Aber sie wirkten wie ein Zauberschlüssel, der eine versunken geglaubte Welt aufschloss. Nach Ihnen! Das gab es also noch in dieser fürchterlichen Zeit – eine zarte Ritterlichkeit, die bewusst ein Stück zertretener Menschenwürde wieder aufrichten wollte! Ich fühlte mich erröten und wagte ein scheues Lächeln. Und er wäre kein Franzose gewesen, wenn er – bei aller verhaltenen Männlichkeit – dieses Lächeln nicht mit hinreißendem Charme erwidert hätte. Wir begannen zu frühstücken.

Er zog dabei den Narzissenstrauß näher zu sich.

»Haben Sie Dank für die Blumen. Sie tun mir wohl!« Und unvermittelt brach es aus ihm heraus: »Ist es nicht schrecklich, dies alles! Wochenlang bin ich jetzt nur mit der Zerstörung deutscher Kultur beschäftigt. Von Kind an hat man uns den Hass gegen Deutschland gelehrt. Aber vom Hass kann man nicht leben. Man kann es nicht!« Etwas ruhiger geworden, fuhr er nach längerem Schweigen fort: »Deutschland, für mich ist es nicht Nazideutschland. Es ist das Land Johann Sebastian Bachs, Luthers, Goethes, Beethovens . . .«

». . . und Frankreich . . .« fiel ich ein, »das ist für mich nicht Napoleon, sondern Flaubert, Victor Hugo, Monet, Debussy – und das herrliche Burgund!«

Er nickte erstaunt und beglückt.

»Nicht wahr? Frankreich ist ein herrliches Land!«

Wie bunte Bälle warfen wir uns nun gegenseitig die Kulturschätze unserer Länder zu, und der Kölner Dom oder die Kathedrale von Chartre flogen wortwörtlich über den Frühstückstisch.

Das Gesicht des Offiziers hatte sich längst entspannt.

»Zwei so schöne Länder! Warum nur haben wir uns in all den Jahrhunderten so viel Übles angetan! Erbfeinde – und dabei geschwisterlich nah! Wir sind sehr schuldig aneinander geworden, beide!«

Ich seufzte: »Von heute aus scheint es unvorstellbar, dass das einmal anders wird. Dieses Kriegsende mit der Vernichtung Deutschlands ist entsetzlich!«

Sehr entschlossen blickte er auf: »Es muss aber anders werden. Die letzten Wochen haben meine Seele krank gemacht, das spüre ich nun in dieser wohltuenden Stunde besonders. Wenn jetzt nicht beide Völker entschieden an einem inneren und äußeren Frieden schaffen, haben wir keine Zukunft mehr. Solche Ansichten kann ich natürlich nirgends äußern, aber bei Ihnen möchte ich es wenigstens ein einziges Mal sagen dürfen.«

War das noch ein Feind, der mir gegenübersaß? Ach nein . . .

Wir schwiegen beide. Es war ein wundersames Schweigen. Die Frühlingssonne leuchtete durchs Fenster, sie traf unsere beiden jungen Gesichter. Der Atem einer größeren Wirklichkeit hatte uns berührt. Worte erreichten das Geheimnis dieser Schwingungen nicht mehr. Ich wagte mich kaum zu bewegen, um den Zauber des Augenblicks nicht zu zerstören.

Behutsam erhob sich der junge Offizier. Sein klares Gesicht nahm einen fast weichen Ausdruck an, als er mich schüchtern bat:

»Spielen Sie mir zum Abschied noch das »Albumblatt an Elise«, ich möchte Beethoven in die letzten Kriegstage mitnehmen.«

»Gerne!« Das Unsagbare lässt sich eher durch die Musik erlösen. Kaum war ich fertig, als mein Vater eintrat. Er mochte von Ferne verwundert mein Spiel gehört haben. Der Franzose verbeugte sich und grüßte.

»Ich habe das junge Fräulein gebeten, mir noch einige Takte Beethoven zu spielen«, erklärte er mit fester Stimme.

»Oh, Sie sprechen deutsch?«, rief mein Vater erfreut. »Dann möchte ich Ihnen aufrichtig danken, dass Sie uns gestern vermutlich das Leben gerettet haben.« Und mit der inneren Sicherheit einer gereiften, väterlichen Persönlichkeit ergriff er, obwohl so etwas verboten war, beide Hände des »feindlichen« Offiziers.

»Dann hat unser Umweg wenigstens einen Sinn gehabt«, erwiderte der Franzose herzlich. »Darüber bin ich glücklich, wie schon lange nicht mehr.« Abschied nehmend beugte er sich über meine Hand. ›Diese beiden Hände sind wie eine Brücke‹, dachte ich, ›eine winzige Friedensbrücke. Wie schön könnte das Leben sein, ohne Krieg und ohne Feindschaft . . .‹

An der Tür wandte er sich noch einmal um:

»Wir werden nicht wiederkommen. Wir haben noch einen weiten Weg vor uns. Aber ich gehe getröstet von hier und bald, bald wird der schreckliche Krieg zu Ende sein . . .«

Seine Schritte verhallten auf der Treppe. Kurz darauf war der Hofraum leer. Vergnügt äugten die Russen aus ihrer gegenüberliegenden Wohnung. Sie waren wieder nüchtern und hatten alles vergessen.

Ich räumte das Geschirr ab und tauchte dabei mein Gesicht tief in den Narzissenstrauß. Wie groß können kleine Augenblicke sein . . .

»Oma, träumst du?« Meine Enkelin drehte sich auf dem Klavierstuhl um. »Du hörst gar nicht, wie schön ich spiele!«, und mächtig griff sie in die Tasten. Ich lobte sie sehr. Aber dann träumte ich weiter. Ich träumte mich in ein französisches Wohnzimmer. Ein alter, weißhaariger Herr saß im Sessel und lächelte versonnen in sich hinein. Denn am Klavier saß seine Enkelin und spielte das »Albumblatt an Elise«. Dann drehte sie sich um und fragte: »Bringt dich mein Spiel ins Träumen, Großvater? Magst du erzählen?«

Der Traum von einer Friedensbrücke vor fünfzig Jahren, er ist wahr geworden. »Nur aus dem Frieden zwischen zweien und dreien kann der große Friede einmal erwachsen, auf den wir hoffen«, sagte Dietrich Bonhoeffer.

Das Wunder der offenen Grenzen über den Rhein – die beiden jungen Menschen von einst sind darüber Großeltern geworden. Aber die Enkel finden es selbstverständlich. Und das ist gut so. Wir haben berechtigte Hoffnung, dass diese Friedensbrücke uns hinübertragen wird über die Jahrhundertschwelle ins nächste Jahrtausend der Christenheit. Ja, der Christenheit! Denn ich wüsste nichts, was mehr Verheißung hätte für die manchmal recht bedrohte Zukunft der Menschheit, als das Wort Jesu: »Selig sind, die Frieden schaffen, denn sie werden Söhne und Töchter Gottes heißen.«

Unter dem Bogen des Himmels
Eine Passions- und Osterlegende

Auf dem geräumigen Dachboden meines Elternhauses befand sich ein uralter, unverschlossener Schrank, in welchem meine Mutter ihre ausgedienten Bücher verstaute. Darunter war ein stockfleckiges, altmodisch duftendes Buch mit wundervollen bunten Bildern, an denen sich meine Kinderaugen nicht satt sehen mochten. Da ich noch nicht richtig lesen konnte, verkroch ich mich an Regentagen auf den Dachboden und vertiefte mich in das bebilderte Buch.

Ein Bild hatte es mir besonders angetan. Ich hatte herausbuchstabiert, dass es ein Altargemälde aus dem Kloster Beuron war. Es stellte auf Goldgrund die Kreuzigungsszene dar. Was mich aber am dem Bild besonders beeindruckte, war nicht etwa der leidende Heiland, sondern ein mächtiger Rabe, der am unteren Bildrand mit ausgebreiteten Schwingen aufgeregt hochfliegen wollte. Der schwarze Vogel in seiner erstarrten Bewegung beschäftigte mich ungemein, wie Kinder eben so sind. Was wollte er? War er am Ende der unheimliche »Nachtkrabb«?

Eines Nachmittags in der Vorfrühlingszeit hatte ich mich wohl allzu lange auf dem kalten Dachboden aufgehalten, denn in der darauf folgenden Nacht bekam ich Halsschmerzen, und am Morgen hatte ich hohes Fieber. Ich musste im Bett bleiben, bekam aber mein geliebtes Buch neben das Kissen.

Da lag es nun aufgeschlagen auf meiner Bettdecke, und in meinen Fieberphantasien begann der Rabe lebendig zu werden. Er erhob sich aus dem Bild, begann seine Flügel auszubreiten und emporzufliegen. Die Wände meines Zimmers taten sich auf, weite Landschaften mit Bergen, Seen, Sonnenstrahlen und Blumenwiesen zogen an mir vorüber. Der Rabe setzte sich auf einen Baum und begann mir seine Geschichte zu erzählen.

Als ich wieder gesund war, wuchs diese Geschichte in mir weiter, gleichsam mit meinem eigenen Größerwerden. Bis heute bin ich mit ihr noch nicht zu Ende gekommen. Aber ehe ich von dieser Welt gehe, möchte ich sie doch festhalten.

Es ist die Geschichte jener ernsten, schwarzen Vögel voll unerlöster Trauer, die ein Geheimnis zu umschweben scheint. »Wenn das Korn stirbt, schreien die Raben«, sagt der Volksmund. »Die Vögel unter dem Himmel, die werden's dir sagen«, so steht geschrieben (Hiob 12,7). Die alten Märchen und Mythen schreiben dem stummen Vogelblick ein Maß an Weisheit zu, das menschliche Erkenntnis gar noch übertreffen soll.

Am Anfang der Welt, so beginnt meine Geschichte, war der Rabe keineswegs ein armer, schwarzer Vogel. Als Gott der Herr ihn am fünften Tag der Schöpfung segnete und in den Garten Eden entließ – und wir wissen, dass Gottes Tage Jahrmillionen währen können – da schim-

merte sein Gefieder in tausend leuchtenden Farben.
Seine Flügel bargen mehr Kraft als die Fittiche des Ad-
lers und seine klugen Augen sahen weiter als die Falken.
Seine Stimme übertraf den lieblichen Gesang der Nach-
tigall. Hoch über dem Garten sang er seine Loblieder auf
den Gang der Gestirne und den Glanz der Sonne, auf die
Majestät der Schneegebirge und die Gewalt der blau
glänzenden Meereswogen. Er wurde nicht müde, immer
wieder neue Lieder über die Herrlichkeit der Schöpfung
zu finden. Am liebsten und am schönsten aber sang er
von der Güte Gottes, seines Herrn, aus dessen ordnender
Kraft alle Kreatur ihr Leben und ihr Wirken schöpft, von
den riesigen Elefanten bis zu den winzigen Ameisen,
von den seidenweichen Rosenblättern bis zu den köstlichen Dattelfrüchten. Immer wieder geriet er von neuem
in beglückendes Staunen, und jeden Tag fielen ihm so
viele herrliche Lieder ein, dass er nie an ein Ende damit
kam.
Eines Tages aber, als der Rabe in friedvoller Ruhe
über dem Garten kreiste, entdeckte er inmitten der Blüten und Sträucher ganz neu einen eigenartigen Baum.
Seine Blätter funkelten wie Edelsteine, und seine Früchte leuchteten wie Purpur. Unter dem Baum aber tat
sich plötzlich ein nachtschwarzer Spalt auf, dem ein
schillerndes Geschöpf entschlüpfte. Der perlglänzende
Schuppenleib wuchs rasch und legte sich um den Baum,
als wolle er ihn erwürgen. Dann schoss es wieder zurück
und lautlos schloss sich die gespaltene Erde.
Neugierig, wie der Rabe von Natur aus war, flog er
näher. Aber da stand nur der Baum in seiner ergreifenden

Schönheit. Am nächsten Tag jedoch beobachtete er, wie das seltsame Tier wiederum hastig die Erde zerriss.

Er ließ sich auf dem äußersten Zweig des Baumes nieder.

»Wer bist du? Und woher kommst du? Was willst du«?, fragte er das Geschöpf. »Du bist anders als wir alle, du hast ein Doppelgesicht und eine gespaltene Zunge.«

»Ich bin Daimonia Hybris, die Schlange«, erwiderte das Wesen. »Und – nebst dir – bin ich das klügste Geschöpf der Welt!«

»Willst du gar klüger sein als unser Herr, der uns erschaffen und gesegnet hat?«

Die Schlange wand sich.

»Wie sollte ich? Erschaffen und gesegnet, meinst du . . . Nun, ich – *ich bin!*«

»Schlange, woher weißt du, dass man mich klug nennt? Sag, woher weißt du das?«

»Oh Rabe, ich weiß von Geheimnissen, die du nicht einmal ahnst. Denn ich wohne unter dem Baum der Erkenntnis. Wissend, wirklich wissend, wirst du erst sein, wenn du den Gegenkreis der Schöpfung entdeckt hast: die Lust am Kampf, den Rausch der Macht, das lockende Rätsel des Bösen. Wie willst du das Licht erfassen, ohne die Schatten zu kennen? Die Liebe ohne den Hass? Erst die Gegensätze schaffen das Ganze! Und erst dann, Rabe, wirst du wissen, was die Welt zusammenhält!«

»Ich verstehe kein Wort von dem, was du sagst, Schlange! Aber du machst mich neugierig!«

»Nimm von den Früchten des Baumes und du wirst erkennen!«

Und während die Schlange sprach, erklangen die Blätter am Baum wie feine gläserne Glocken. Die Schlange warf ihren brennenden Blick auf den Raben und er biss in die erste Frucht.

Da erkannte er, wie einfältig er bisher gewesen war und dass er hundertmal schöner und klüger war als seine Mitgeschöpfe. Und er bekam Lust, Spottlieder zu singen auf die langen Hälse der Giraffen, auf die schnatternden Enten, die wiederkäuenden Rinder und die kindischen Affen. Er aber konnte fliegen! So hob er sein schimmerndes Gefieder in die Sonne, seine Stimme erfüllte den herrlichen Garten, so dass die Sperlinge ehrfürchtig verstummten und die duftenden Lilien sich demütig neigten. Aber er sang fast nur noch von seiner eigenen Schönheit, Weisheit und Kraft.

Zugleich aber überkam ihn jetzt bisweilen eine merkwürdige Unruhe, so dass er sich selbst nicht mehr verstand. Wenn er die sanften Schafe friedlich grasen und die Füchslein fröhlich spielen sah, spürte er, dass diesen Unmündigen etwas geoffenbart war, das ihm in all seiner Weisheit verborgen blieb. War er in den Bannkreis der Schlange geraten und hatte sie etwas mit seiner Gottferne zu tun? Es war ihm dabei, als habe die Schöpfung ihre Seele verloren, und er fühlte sich einsam und traurig.

Und so nahte der sechste Schöpfungstag. Da rief die Schlange den Raben wieder zu sich her.

»Du bist wissend geworden, Rabe«, sagte sie. »Gib Acht! Heute ist ein entscheidend wichtiger Tag für uns. Gott schuf die Menschen. Sie sind die edelsten und begabtesten unter den Geschöpfen, denn Gott hat sie nicht nur mit seinem Atem, sondern auch mit seinem Geist berührt.«

»Können sie besser fliegen als ich?«, fragte der Rabe eifersüchtig.

»Nein, sie können nicht fliegen. Aber vielleicht lernen sie es, sie sind erfinderisch.«

»Gleichen sie den Engeln?«

»Oh nein! Die Menschen sind keine Engel, sie sind aus Fleisch und Blut wie – wie du! Damit haben sie natürlich auch ihre Schwierigkeiten! Übrigens – sprich mir nicht von Engeln, Rabe, das ist mir sehr unangenehm! Aber was das Schlimmste ist: Gott gab den Menschen einen freien Willen und erlaubte ihnen, über uns alle zu herrschen. Von nun an sind wir zweitrangig. – Rabe hör zu! Am Baum der Erkenntnis hat Gott ihnen ihre Grenze gesetzt. Wenn sie diese Grenze überschreiten, dann können sie zwar bis an den Rand des Mondes und der Sterne vordringen, sie können jedes kleinste Stäubchen hundertfach spalten, sie können die Lüfte und Meere kühner durchpflügen als Walfisch und Adler und unsichtbare Netze über die ganze Erde ziehen – dennoch werden ihre Erfindungen stets ein doppeltes Antlitz tragen. Und diese herrlichen, hochmütigen Geschöpfe mit ihrem unstillbaren Erkenntnisdrang werden gegen die Natur ankämpfen, sie vielleicht sogar besiegen, aber sie werden sterben wie ein Stück Vieh, und wir, die Würmer und die Vögel, werden ihren Staub fressen. Und eines Tages wird die Natur über sie triumphieren! Denn die Schöpfung kann leben ohne sie, aber die Menschen nicht ohne die Schöpfung. Sie sollen sich nicht einbilden, der ganze Kosmos sei nur ihretwegen gemacht! Ich will nicht, dass sie über uns herrschen, Rabe! Denn sie sind imstande, uns alle zugrunde zu richten! Kannst du das wollen? Singe deine schönsten Lieder, locke sie! Was dann noch nötig ist, mache ich allein!«

Und der Rabe geriet wieder in den Bann der Schlange und er sang so betörend, dass die Menschen näher kamen. Er war betroffen von der Schönheit und Unschuld im Antlitz des Weibes und der kraftvollen Würde und beschützenden Wärme in der Gestalt des Mannes. Reuevoll hielt er inne, denn er sah, dass sie das Licht des Herrn auf ihrer Stirn trugen und dass sein Segen über ihrem Scheitel ruhte. Und sein kleines Vogelherz wurde schwer von unerklärlichem Weh. Er verstummte und versteckte sich im Gebüsch.

Aber da hatte die Schlange die Menschen schon verführt. Sie fanden es lustig, von den verbotenen Früchten zu essen und zu sein wie Gott. Der Rabe lugte aus seinem Versteck und begriff, dass nun auch die Menschen ihre Unschuld verloren hatten; sie erkannten, dass sie arm und nackt und bloß waren. Und als am Abend der Glanz des Herrn sich über den Garten breitete, fürchteten sie sich vor seiner Klarheit und versteckten sich.

Und die Stimme Gottes tönte durch den Garten: »Adam, du! Mensch, wo bist du?«, und der Schatten seiner Hand legte sich über Blumen und Sträucher, so dass die Farben erloschen. »Warum habt ihr das getan . . .?« Und die schimmernden Tautropfen am Baum der Erkenntnis wandelten sich in Tränen. Und Gott der Herr nahm die

Tränen und schenkte sie den Menschen, damit sie vor ihm weinen könnten, wenn inmitten ihrer Heimatlosigkeit die Sehnsucht nach dem verlorenen Paradies übermächtig in ihnen würde. Streng, heilig und barmherzig zugleich machte er ihnen Kleider aus Fellen, ihnen allein.

Aber der Garten des Paradieses versank.

Der Rabe versteckte sich unter seinen Flügeln und setzte sich zu Gottes Füßen.

»Lass mich mit dir Trauer tragen, Herr!«, bat er. »Aber lass mich nie mehr aus deiner Nähe! Als du dich vor mir verborgen hattest und ich im Bann der Schlange war, gerade da habe ich dich erkannt! Kein Sperling fällt zu Boden ohne dein Wissen. Erbarme dich unser! Was wären wir armen, seufzenden Kreaturen jetzt ohne deine Liebe!«

»Es sei, wie du sagst!«, erwiderte der Herr. »Ich lege dir ein Trauerkleid an. Denn meine Schöpfung ist ein Ganzes, und der Riss geht durch alles hindurch. Deine Weisheit darfst du behalten, auch wenn du die Sprache der Menschen nie verstehen wirst. Auch mein Licht wirst du immer einmal sehen und meine Nähe spüren. Und deinen Jungen werde ich Nahrung geben, wenn sie mich anrufen (Psalm 147, 9).

Von da an war des Raben Federkleid schwarz und klein. Seine Stimme krächzte und sein Fleisch war zu gering zum Brandopfer. »Da kommt der Unglücksrabe«, spotteten die Menschen, wenn er über ihren Feldern kreiste.

Und der Rabe wurde fast hundert Jahre alt und er erzählte seinen Jungen vom verlorenen Paradies. Und aus den hundert Jahren wurden tausend. Ein Rabengeschlecht gab dem anderen das Wissen um die Güte Gottes weiter. Inzwischen machten sich die Menschen die Erde untertan. Sie schlugen nicht nur die Tiere tot, sondern es brachte auch ein Bruder den anderen um. Tyrannen wurden geboren, und der Menschen Bosheit nahm zu.

Es kam eine große Sintflut, aber das Leben der Menschen und Tiere wurde bewahrt durch Noah, der sie in seiner Arche barg. Und als nach vierzig Tagen die Wasser sanken, schickte Noah das weiseste der Tiere, einen Raben, aus dem Fenster seines Kastens, damit er ihm von draußen berichten solle.

Der Rabe kroch heraus und atmete die freie Luft. Zuerst trugen ihn seine Flügel noch nicht, aber dann schwang er sich empor und flog bis an die Wolken. In seiner neuen Freiheit vergaß er Noah Kunde zu bringen. Er flog lange hin und her und auf einmal sah er am Horizont einen großen Bogen in sieben herrlichen Farben.

»Ich sehe das Licht Gottes!«, jubelte er. »Und dies ist das Tor zum Paradies!« Er flog und flog – und kehrte nicht zurück.

Noah wartete vergeblich. »So sind die Raben!«, seufzte er. Danach schickte er eine Taube aus, die ihm ein Ölblatt brachte, zum Zeichen, dass der Erdboden neue Früchte trug.

Und wieder vergingen hundert und aberhundert Jahre. Die Menschen bauten Häuser und Paläste, sie errichteten stolze Türme und bestellten das Land. Edelstes Vertrauen und grausamster Hass wohnten zusammen in ihrem Herzen. Sie führten Kriege gegeneinander und vergaßen immer wieder, dass sie nicht allein auf der Welt waren. Und gerade diejenigen unter ihnen – man nannte sie Propheten – die sie auf Gottes Ziel mit ihnen hinweisen sollten, wurden verfolgt.

Und Gottes Befehl erging an die Raben, dass sie einen an seinem Auftrag verzweifelten Propheten, der sich verstecken musste, mit Speise und Trank versorgen sollten. Sein Name war Elia.

»Wir haben solche Angst vor den Menschen!«, jammerten die Raben. »Und wie sollen wir nur das Versteck finden? Schicke größere Tiere, Herr!«

»Ihr werdet Elia finden, denn mein Licht ist über ihm!«, sprach der Herr, und die Raben gehorchten. Sie fanden Elia und brachten ihm Brot und Fleisch, wie ihnen befohlen war.

Und wieder vergingen Jahrhunderte. Längst hatten die Menschen prächtige Städte gebaut. In jedem Jahrhundert schufen sie schönere Kunstwerke. Und in einer hochgelegenen Stadt erbauten sie einen Tempel mit Marmor und Gold, zur Ehre Gottes. Die Stadt Jerusalem war nicht so großartig wie Rom oder Athen, aber es lebten fromme Menschen in ihr. An ihrem Rande wuchsen Ölbäume, die mehr als tausend Jahre alt werden können, und wenn sie nicht vertrocknet sind, so stehen sie noch heute. Die mächtigsten dieser Bäume hatten ihre Wurzeln jenseits des Baches Kidron an einem leichten Hang, nicht weit von einem Hof mit Namen Gethsemane. Dort war ein wunderbar stiller Garten, und eine besonders alte Rabenfamilie hatte seit langem ihren Horst in einem der besonders alten Ölbäume.

»Hier ist es so schön wie im Garten Eden«, sagten die jungen Raben.

»Nein«, erwiderte die Rabenmutter. »Dort gab es keine Angst. Der Garten des Paradieses ist es nicht.«

Eines Abends nun hatten alle Raben den Horst verlassen bis auf einen. Er hatte sich an einem Dornstrauch verletzt und sein rechter Flügel war lahm. Deshalb hatten ihn seine Geschwister zusammengehackt. Da stellte er sich tot, und sie warfen ihn aus dem Nest. Dann flogen sie davon. Er aber blieb an einer Astgabel hängen. Da lag er nun und zitterte vor Angst, Schmerzen und Verlassenheit.

Plötzlich hörte er unter sich ein Geräusch. Erschreckt öffnete er die Augen und sah mit nachthellem Blick einen Menschen unter dem Baum, allein. Das war ungewöhnlich, die Menschen waren sonst immer zu zweien oder zu mehreren. Der Mann war genauso erschöpft wie er selbst, fiel auf sein Angesicht und fing an zu zittern und zu zagen.

›Weh mir, wenn ich jetzt vor Schwäche hinabfalle‹, dachte der kleine Rabe. ›Ich habe solche Angst vor den Menschen, sie sind so rücksichtslos. Doch dieser hier hat weder Pfeile im Köcher noch ein Schwert in der Scheide. Ich verstehe die Sprache der Menschen nicht, aber ich sehe seinen Schweiß wie Blutstropfen zu Boden fallen, es ist, als ringe er mit allen Gewalten.‹ – Einen Steinwurf weit weg lagen ein paar Männer und schnarchten. Doch das war nichts Ungewöhnliches für den Raben, es übernachteten oft Menschen in dem Garten, zumal wenn die Stadt so überfüllt war wie jetzt.

›Dieser Mensch ist allein. Er ist genauso verlassen wie ich‹, dachte er.

War es der Mond, der plötzlich hell aufleuchtete? Nein, der kleine Vogel erfasste es genau: es war ein überirdischer Schimmer, aber das konnten Menschenaugen nicht sehen.

»Der Glanz des Herrn liegt auf ihm und hüllt ihn ein wie in einen silbernen Mantel!«, flüsterte der Rabe aufgeregt. »Er ist ganz durchdrungen von diesem Licht, aber er merkt es nicht, er ist traurig, einsam und voller Angst. Ich muss es ihn spüren lassen, dass Gott ihm nahe ist. Vielleicht tragen meine Flügel mich zu ihm hinab und ich kann meine Angst überwinden. Ich will mich an seine Knie schmiegen und ihm zeigen, dass wenigstens die Tiere bei ihm sind, nun, da ihn alle Menschen verlassen haben.«

Er ließ sich am Stamm hinabgleiten. Aber seine Flügel trugen ihn nicht und er fiel gerade vor dem knienden Menschen auf den Boden.

›Das ist nun mein Ende‹, dachte er, ›aber ich sterbe im Licht Gottes und bei dem Menschen, dessen Angesicht wie das eines Engels ist.‹ Dann schwanden ihm die Sinne.

Als er wieder zu sich kam, lag er allein im Dunkel einer Wurzelnische des Baumes. Er pickte ein paar Gräser auf, sie waren salzig von Menschentränen. Aber er fühlte keine Schmerzen mehr. Verwundert stellte er sich auf seine zierlichen Vogelbeine und breitete vorsichtig seine Schwingen aus. Sie schienen ihm gesund und erstarkt. ›Dann war es vielleicht gar kein Traum, was ich erlebte?‹, fragte er sich. ›Mir war, als nähme mich der einsame Mensch in seine warmen Hände. Ich dachte: wie wunderbar sind Menschenhände! Weil ich bebte, meinte er wohl, ich müsse frieren. Behutsam schob er die Falten seines gewirkten Rockes auseinander und legte mich an sein Herz. Ich hörte mein kleines, schnelles Herz in das große schwer schlagende Menschenherz hineinpochen und immer einmal wieder schlugen sie zusammen. Wie selig ist der Tod, dachte ich. Aber sieh da – ich lebe! Hat Er mich geheilt?‹

Dann flog er in die Höhe, bis an die Spitze des Baumes. Inzwischen war es sehr unruhig geworden in dem dunklen Garten. Die schnarchenden Männer waren nicht mehr da. Fackeln und Lampen flackerten, Schwerter und Stangen klirrten, Schmerzensschreie drangen durchs Gebüsch.

Schließlich kehrten die anderen Raben zurück und lamentierten über einen Erhängten, dem sie die Augen aushacken wollten. Er entflog ihnen geschwind.

Welch seltsame Nacht war das doch! Sein Freund, der Hahn vom Nachbarhof, hatte schon zweimal gekräht. Aber immer noch drang Lärm an sein Ohr. Er flog über den Garten, am unteren Ende lag wieder ein Mensch, ein großer, kräftiger Mann und weinte bitterlich.

Endlich wuchs hinter den Hügeln von Jerusalem das Morgenrot empor.

›Was wird das für ein Tag!‹, dachte er Rabe. ›Im Boden arbeitet ein Erdbeben, auch wenn die Menschen es noch nicht spüren. Oder spüren sie doch etwas? Einer schwitzt Blutstropfen, ein anderer erhängt sich, ein dritter begießt die Erde mit seinen Tränen. Dort hinten geht die Sonne auf wie Blut, auch das Himmelsgewölbe ist unruhig. Oh, ich muss nach dem Menschen suchen, der mich heilte, vielleicht ist er in Gefahr und ich kann ihm helfen.‹

Dann aber fühlte er sich plötzlich unendlich müde, verkroch sich in einen Baum, vergaß sein Vorhaben und schlief erschöpft ein. Er erwachte erst, als die Sonne ihren höchsten Stand erreicht hatte.

Langsam flog er zur Stadt, zur Burg Antonia, wo es die besten Küchenabfälle gab, denn er war hungrig. Merkwürdig, wie menschenleer die Straßen heute waren! Ein nahendes Gewitter schickte seine Boten voraus, der Wind hob dürre Palmenzweige vom staubigen Boden und fegte Dorngestrüpp aus den Ecken. Müde irrte ein heimatloses Eselsfüllen umher und suchte nach etwas Fressbarem.

Von den Zinnen der Burg Antonia, die höher war als der Tempel, erblickte er eine große Menschenmenge, die hinausgeströmt war zur Schädelstätte. Er kannte den Ort genau, Raben und Geier kreisten bereits in der Luft.

»Die Menschen sind also wieder dabei, einander umzubringen«, krächzte er. »Aber ich gehe nicht hin! Die Sonne verliert ihren Schein, ich bin satt und verkrieche mich lieber im Gebüsch, es sieht aus, als käme ein Unwetter.«

Schließlich aber siegte seine heimliche Neugier und er flog vorsichtig näher zur Schädelstätte. Über dem Menschengewimmel hing das Stöhnen von drei ans Kreuz Gefesselten. Das Volk aber stand von ferne und sah zu wie bei einem Schauspiel.

In der einbrechenden Finsternis blickte er von oben herab auf das Haupt des in der Mitte Gekreuzigten. Darauf waren Dornen befestigt, dieselben Dornen, an denen er sich wund gerissen hatte. Oh, es waren furchtbare Dornen, er kannte sie! Auf was für boshafte Einfälle die Menschen doch immer wieder verfielen, um einander zu foltern!

Er kreiste über dem Platz und unvermutet entdeckte er genau unter sich auf dem Boden den gewirkten Rock jenes Mannes aus dem Garten. Ein Paar Soldaten saßen darum herum und würfelten. Und plötzlich wusste er wieder, dass er Den suchen wollte, der ihn geheilt hatte. Was war mit ihm? Warum war er ohne Kleider?

Dann aber drohte sein kleines Herz mitten im Flug still zu stehen. Denn zwischen Himmel und Erde, genau in seiner Flughöhe, sah er Den hängen, den er suchte und liebte. In äußerster Qual rang der ans Kreuz Geschlagene nach Luft. Und auf einmal begann der Kreuzesbalken so heftig zu schwanken, dass der Vogel erschrocken neben einer schluchzenden Frau auf den essiggetränkten Boden sank. Das Holz krachte und ächzte, wie ein Baum, der seine Wurzeln nicht loslassen wollte. In unsäglicher Pein bäumte sich der Gemarterte auf und schrie so laut, dass es war, als müsse dieser Schrei bis an die Enden der Erde dringen. Dann fiel sein Haupt vornüber und er verschied.

Einen dunklen Augenblick lang herrschte Totenstille, so, als hielte die Welt den Atem an. Dann zerriss ein greller Blitz die schwarzen Wolken und ein regenloser Donner knallte über den Himmel. Dem zu Tode erschrockenen und vom Essiggeruch betäubten Raben war es, als würde die Erde erbeben und die Felsen zerreißen.

Zögernd verliefen sich die Leute, während ein Mann ein Leinentuch brachte und den Verstorbenen vom Kreuz nahm. Der Rabe hüpfte mit, als sie ihn hastig über die zerstampfte, blutbefleckte Erde in einen nahen Garten trugen und in ein Felsengrab legten.

»Oh Herr«, stammelte er, »warum, warum? . . . Dieses Schmerzensantlitz trug deine Züge! Er war ganz von deinem Licht durchdrungen – und dieses Licht können sie ja nicht töten. Aber Er hat unendlich gelitten, und du, ich weiß es, du mit ihm und in ihm. Hast du deinen Menschensöhnen nicht doch allzu viel Freiheit gelassen, wenn sie dich derart missverstehen können? Warum hast du es geduldet, dass Er ihnen so gewaltlos ausgeliefert war? Willst du die Menschen mit der Sprache der Ohnmacht erlösen und sie auf solche Weise herausrieben aus ihrer Finsternis? Es ist dein Geheimnis, ich weiß es. Und ich weiß auch, dass ich nicht so fragen darf. Aber verzeih, wenn ich Angst habe, ob das gut gehen wird mit deinen von dir so geliebten Menschenkindern. Du machtest sie zur Krone deiner Schöpfung, ach Herr!«

Die ganze Nacht wachte der Vogel am Grab. Sanft rauschten Pinien und Zypressen, und die Palmen fächerten im Nachtwind. Es war so friedvoll, dass der Rabe dachte, über diesem stillen, duftenden Garten schwebe ein Hauch des Paradieses.

Gegen Morgen kamen einige Männer. Sie wälzten einen großen Stein vor das Grab und versiegelten es. Der Rabe setzte sich darauf und krächzte laut:

»Diesen wollt ihr in ein Felsengrab mauern? Und wenn ihr tausend Steine wälzt – sein Licht wird alle sprengen!«

»Das freche Vieh!«, rief einer der Männer und schlug nach ihm. Er aber entflog ihnen rasch.

Die Männer hatten jedoch einen kleinen Spalt übersehen, durch diesen zwängte sich der Rabe und schlüpfte in die Grabkammer, um für immer bei Dem zu sein, der ihn geheilt hatte und den er liebte.

Niemand hat den kleinen Vogel von da an mehr gesehen.

Vielleicht hätten die trauernden Frauen, die in der verschwiegenen Morgenfrühe des nächsten Tages zum Grab schlichen, etwas von ihm entdecken können. Aber sie waren viel zu sehr mit ihrem eigenen Kummer beschäftigt. Der Stein war weggewälzt, und der Evangelist Markus berichtet, dass sie entsetzt gewesen seien. »Und sie gingen schnell heraus«, schreibt er, »und flohen von dem Grab, denn es war sie ein Zittern und Zagen angekommen. Sie sagten niemand etwas, denn sie fürchteten sich.« Und der Jubel, der mit Sonnenaufgang in den Lüften anhub, war mit irdischen Ohren nicht vernehmbar.

Ich weiß, dass mit dem verschwundenen Raben die Geschichte noch nicht zu Ende ist, auch nach den inzwischen wiederum vergangenen zweitausend Jahren bis zum heutigen Tag nicht. Ich weiß auch nicht, wie sie weitergeht, nun da es über unserem einst geistlich so blühenden Abendland winterlich zu werden scheint.

Aber eines weiß ich: der bitter erkämpfte Sieg von Gethsemane und Golgatha wird als ein verborgen leuchtender Bogen der Erlösung über unserer so gefährdeten Welt aufgerichtet bleiben, und keine Schlange kann ihn zerstören. Freilich wird das ängstliche Harren der Kreatur auch weiterhin unser Herz befragen und anklagen, und die Raben werden auch künftig schreien, wenn das Korn stirbt. Aber lässt uns ihr Schrei nicht auch gleichnishaft ahnen, dass alles Sterben – sich erneuerndes Leben bedeutet? Ein unvergängliches Samenkorn ist in unsere Erde gelegt, bricht den verfluchten Acker und reift einer wundersamen Ernte entgegen. Gott hat uns das Geheimnis seines Willens wissen lassen, so drückt es Paulus aus, so dass durch Christus alle Zeiten vollendet werden für alles, was im Himmel und auf Erden lebt (Epheser 1, 9–10).

Bewahren und verstehen wir also, was uns möglich ist! Und vertrauen wir seiner Zusage, dass Er alle Tage bei uns bleiben wird – bis an der Welt Ende!

———————

Inhalt